墨香财经学术文库

集体土地民事权利体系完善研究

Research on the Improvement of the Civil
Legal Rights System of Collective Land

刘佳星 著

东北财经大学出版社 大连
Dongbei University of Finance & Economics Press

图书在版编目（CIP）数据

集体土地民事权利体系完善研究 / 刘佳星著. —大连：东北财经大学出版社，

2025.4.—（墨香财经学术文库）.—ISBN 978-7-5654-5615-2

Ⅰ. D922.301

中国国家版本馆CIP数据核字第2025Y3D855号

东北财经大学出版社出版发行

大连市黑石礁尖山街217号　邮政编码　116025

网　　　址：http://www.dufep.cn

读者信箱：dufep@dufe.edu.cn

大连永盛印业有限公司印刷

幅面尺寸：170mm×240mm　　字数：145千字　印张：12.75　插页：1

2025年4月第1版　　　　　　2025年4月第1次印刷

责任编辑：王　丽　孙晓梅　　责任校对：刘贤恩

封面设计：原　皓　　　　　　版式设计：原　皓

定价：69.00元

教学支持　售后服务　　联系电话：（0411）84710309

版权所有　侵权必究　　举报电话：（0411）84710523

如有印装质量问题，请联系营销部：（0411）84710711

前言

　　集体土地制度改革是一项重要而复杂的任务，改革的内生动力来自经济结构转变带来的土地功能变化。随着集体土地制度的保障功能逐渐被削弱，其财产功能日益凸显。财产功能的法律表达在于《中华人民共和国民法典》（以下简称《民法典》）的相关物权体系安排，所有权及用益物权属性决定了其对权能平等的需求。保障功能的发挥与集体社员的身份密切相关，身份直接决定了社员的权利和义务。无论是原有的乡村熟人社会之间的非正式规则的效力衰退，还是资本下乡带来的半陌生人社会之间的正式规则构建的迫切需求，抑或是农民进城后面临的财产性权利的缺失，都揭示了集体土地原有权利构架的落后与新兴权利的缺失。因此，集体土地改革后所衍生的权利冲突问题，其根源就在于身份结构性冲突与财产权利的平等保护之间的矛盾。这一矛盾主要表现为以下几点：第一，在实践中，集体土地财产权利保护不足。集体土地财产权利得到了《民法典》的证成，其通过用益物权体系对集体土地的财产权利给予明确的确认，坚持了集体土地制度改革的方向。但是，《民法典》未能进一步区分不同主体的主体地位、权利内容、权利行使以及权利保护等内容。第二，在集体土地的功能从保障功能向财产功能转换的趋势下，集体社员的身份性与财产性权利的结构性冲突解决路径如何选择并不清晰。第三，如何体系化构建社员权与成员权不同的权利内容，包括两种权利区分的理论基础、权利的内容和权利的行使等。

矛盾的归因则要还原到土地法的固有法色彩，以中国视角看待特有的土地权利观念。在历史演进的脉络中，中国传统社会与近代构建的权利概念及体系存在显著分野。传统社会基于家国同构的社会形态，秉持"使天下之人不敢自私，不敢自利，以我之大私为天下之大公"的理念，致使中国的所有权观念呈现出别具一格的权利内涵。在皇权统治架构下，皇权具有绝对权威性，土地权利处于频繁变动且极不稳定的状态。在此背景下，土地所有权观念在社会认知与实践层面均处于相对次要的层级。在动态的社会要素分化与组合进程中，私人对于土地的占有、使用、收益以及负担等实际权益，成为超越土地所有权概念的社会共识与实践基础。由于皇权无远弗届，渗透至社会生活的各个层面，公私权利之间缺乏明晰且确定的界限，二者的区分呈现出模糊性。土地法律制度的历史变迁蕴含着深厚的财产权观念。对这些观念展开深入剖析，有助于从根源上探究中国土地制度形成的内在驱动因素，对其形成路径、优势与局限进行系统梳理与客观评判，为当下集体土地制度改革与制度优化提供理论支撑与实践参考。

从现实观察来看，集体土地的社会功能是权利束背景下的功能集合，其承载了公法层面的国家社会治理功能、社会法层面的个人生存保障功能和私法层面的私权功能。集体土地所有权制度设计一举实现了上述三种功能，却也是土地权利冲突的根源之一。集体土地保障功能与市场功能相冲突，税收功能的弱化、集体土地的福利化、乡村治理的现代化和生存保障的普遍化，使得集体土地所有权产生了逐渐转变为具有实体权利义务的私权规范。本书通过对近 200 个案例的分析和财产观念变化的考查，分析了民事权利争议的具体情势，提出了集体土地民事权利的完善路径。

从开放式的权利框架角度，本书总结了不同民事主体所享有的不同集体土地民事权利，将其以社员权和成员权概念进行区分，并对社员权与成员权的具体构成、权利运行与保护进行分析。社员权以基于身份的分配权、保障权、优先权和自治权为主要表现，成员权则以基于财产的流转权、收益权和参与权为主要形式。社员权和成员权的行使规则以及权利的救济路径等都有着明显的区别。对上述区别的归纳提炼可以较清晰、直观地向读者系统性展示不同的权利内容，有助于读者理解我国复杂的集体土地民事权利。

刘佳星

2024 年 12 月

目录

1 引言 / 1

    1.1 集体土地制度改革的中国实践 / 2

    1.2 集体土地制度改革的现实意义 / 6

2 认识集体土地民事权利的不同角度 / 9

    2.1 传统的民事权利体系分类视角 / 10

    2.2 集体土地民事权利的实现视角 / 14

    2.3 集体土地的社会功能视角 / 18

3 集体土地民事权利纠纷的司法实践 / 21

    3.1 土地承包经营权纠纷 / 22

    3.2 宅基地使用权纠纷 / 31

    3.3 集体经营性建设用地使用权纠纷 / 35

    3.4 集体土地民事权利纠纷的原因分析 / 40

4 传统土地功能的变迁与面向 / 44

4.1 土地财产观念的勃兴／45

4.2 集体土地功能的二元框架分析／54

4.3 土地功能转向的中国视角：城乡中国进程中的财产功能生成／61

4.4 集体土地财产权利的《民法典》确认／69

5 土地民事权利的比较法分析 / 78

5.1 土地所有制度的比较分析／79

5.2 开放性土地利用制度的结构需求／84

5.3 团体法思维下民事权利的扩围：成员参与权的提出／95

6 乡土中国向城乡中国转换的农地权利结构：社员权与成员权的区分 / 103

6.1 一个古老概念的复活：社员权／105

6.2 社员权与成员权区分的实践意义／111

6.3 社员权与成员权区分的理论演进：基于团体法律范式的演进／115

6.4 社员权与成员权区分的法规范解构：另一种财产权二元体系／122

7 社员权与成员权的基本框架：构成和类别 / 132

7.1 社员权与成员权的内涵诠释／134

7.2 社员权与成员权的类别框架／141

8　社员权与成员权的行使、救济与限制 / 147

　　8.1　社员权与成员权的行使／148

　　8.2　社员权与成员权的救济／159

　　8.3　社员权与成员权的限制／168

9　结论与展望 / 179

　　9.1　研究结论／180

　　9.2　研究展望／182

主要参考文献 / 185

索引 / 193

后记 / 194

1

引言

1.1　集体土地制度改革的中国实践

自 2013 年开始，我国在部分地区开展了土地承包经营权"三权分置"、宅基地使用权"三权分置"和集体经营性建设用地入市的改革试点工作。相关改革举措激发了集体土地的财产功能，丰富了集体经济组织社员的权利，使农民更多地享受到土地带来的财产性收入。

1.1.1　集体土地制度改革举措

党的十八大以来，党中央围绕深化农村土地制度改革创新提出了一系列举措，进一步稳定农村基本经营制度，强化土地财产权利属性，坚持依法治国、依法推进集体土地制度改革，出台了一系列政策、法规。在坚持依法治国、依法推进改革举措落地的过程中，顶层设计与基层探索实现了良性互动。在深化农村土地制度改革过程中，通过统筹协调，坚持了农村基本土地制度，巩固和完善了农村基本经营制度，确认了一批可复制、可推广的制度创新成果，推动了体制机制创新，强化了乡村振兴制度性供给。

1.1.2　集体土地制度改革的具体内容

（1）农村土地承包经营权制度改革

农村土地承包经营权制度改革的思路是在坚持集体土地所有权

的前提下，长期稳定农户的承包权，积极探索放活土地的经营权。通过承包权和经营权的相互分离，形成土地承包经营权"三权分置"的权利框架，不断探索农村土地集体所有制的新型实现形式，最大限度地强化集体土地的财产属性，使农民获得更多的财产性收入。

① "三权分置"改革的推进

2016年，中共中央办公厅、国务院办公厅印发《关于完善农村土地所有权承包权经营权分置办法的意见》，提出"三权分置"改革的顶层设计、顶格推进，这是继家庭联产承包责任制之后又一具有中国特色的土地权利理论创新和实践创新，使得农村双层经营体制的内涵有了新的时代特色。就家庭联产承包责任制释放的土地权能而言，其通过集体土地的"两权"分离，创造性地调动了亿万农民的农业活动积极性；而新时代的"三权分置"改革，则进一步释放了集体土地的财产价值，有利于实现适度规模经营、现代农场建设和农业科技推广。

②土地承包经营权期限的延长

土地承包经营权的期限长短决定了农户种植的积极性和农业的稳定性。无论是党的十七届三中全会提出要保持现有土地承包关系长期稳定，还是党的十九大提出土地承包关系长久不变，第二轮土地承包期届满后再延长30年，目的都是营造稳定的经营预期，使农村基本经营制度得到巩固。在坚持土地承包关系稳定主基调的同时，要结合农民对土地权利需求的时代诉求，妥善处理好集体所有经济制度和农民财产权利保护的关系，化解因土地流转等因素而突出的人地矛盾。

③明确土地经营权融资担保功能

集体土地"三权分置"改革最重要的现实意义是在坚持耕地保护原则的前提下，丰富农民的土地财产权利。通过赋予农民占有、使用、出租、流转以及抵押承包地等担保权能，最大限度地还原土地承包经营权作为用益物权的基本功能，实现在市场经济条件下集体土地所有权和农户财产处分权的高度统一。"三权分置"改革丰富了中国土地财产权利理论，在法理层面厘清了流转与担保之间的权利优先位阶，解除了相关法规对农村土地承包经营权的不当限制，构建了内在和谐统一的土地权利体系，进一步丰富了农户融资担保物的选择，在最大限度发挥土地的使用价值和交换价值之间提供了制度上的可能性。

（2）宅基地使用权制度改革

自改革开放以来，宅基地制度经过多次调整，不同时期、不同部门所启动的宅地基制度改革试点，试图在一定程度上解决这一问题，呈现出从管制、赋权到盘活的总体趋势，其实质在于如何平衡宅基地的保障功能和财产属性之间的关系。[1]宅基地"三权分置"改革丰富了宅基地产权体系，有利于唤醒大量沉睡的农村土地资产，有利于走出农村宅基地制度改革的困局。[2]

①健全宅基地权益保障方式

农民宅基地的保障功能决定了宅基地权益分配的计划性和特殊性。现有宅基地使用权分配制度在保障户有所居、稳定农村社会秩序和完善乡村自治等方面发挥着重要作用。宅基地使用权的分配应

---

[1] 高圣平. 农村宅基地制度：从管制、赋权到盘活 [J]. 农业经济问题，2019（1）：60-61.
[2] 董祚继. "三权分置"——农村宅基地制度的重大创新 [J]. 中国土地，2018（3）：5.

在考虑覆盖集体社员的居住需求的同时，最大限度地提升利用效率。通过不同的宅基地取得方式，积极探索不同实现形式下的农民住房保障。通过集约式利用宅基地，以多种方式保障一户拥有一处住宅，逐渐实现宅基地使用权与宅基地上房屋财产权分离。以多种形式贯彻"一户一宅"政策，公平地实现宅基地的住房保障功能。[①]

②推进宅基地使用权流转和担保机制建设

对于宅基地使用权因在本集体经济组织成员内部流转而形成的一户拥有多处宅基地，以及因为历史原因超标使用宅基地的，探索多种形式的退出机制和使用方式。对社员继承人以继承方式获得宅基地上房屋等使用权的，尝试以"土地银行""股份合作社"及农民公寓等方式实现房地合一。

为了进一步强化农民合法财产的金融属性，丰富农民融资担保物选择，加大对"三农"的金融工具支持，赋予农民住房财产权的处分权能正在试点推行。慎重稳妥推进农民宅基地上房屋的财产权抵押和转让试点，做好农村承包土地（指耕地）和农民宅基地上房屋财产权的抵押试点工作，完善宅基地使用权抵押制度。考虑到农民宅基地上的住房作为担保物时，实现机制和担保功能等方面极具特殊性，应积极探索其与国有土地上房屋的差别化实现方式，保障债权实现。在此基础上，积极探索宅基地使用权的"三权分置"改革。通过坚持宅基地所有权的集体所有、明确宅基地使用权分配的资格，放活宅基地的使用权，进一步发挥宅基地和地上房屋的财产价值，通过相关的法律表达，在一定程度上为破解宅基地使用权的

---

① 高圣平.《民法典》与农村土地权利体系：从归属到利用［J］. 北京大学学报（哲学社会科学版），2020（6）：153.

身份属性提供制度选择。

（3）集体经营性建设用地使用权制度改革

集体经营性建设用地使用权作为集体的经营性用途土地，其与土地承包经营权和宅基地使用权的功能存在明显区别。为了进一步实现集体土地的财产价值，让农民获得集体土地增值收益，对存量农村集体建设用地，经规划确定为商服等经营性用途的土地，在符合规划、用途管制的前提下，可以通过集体自行出让等方式入市。在入市过程中，要参照国有建设用地的交易规则，建立集体经营性建设用地入市管理措施和交易办法。

1.2 集体土地制度改革的研究意义

1.2.1 为集体土地制度改革提供权利理论支撑

集体土地制度改革是中国特色社会主义理论的重要创新，依法推进集体土地制度改革是本次改革的重要路径和因循。在"三权分置"改革思想提出后，如何证明分置后权利的正当性以及在现有民事权利体系下的定位，将直接影响改革举措的落地效果。本书通过研究，将集体土地制度改革后形成的身份与财产之间的结构性冲突进行分类，以财产权利中是否包含特定的身份关系为标准，在传统的社员权制度中分离出成员权内容。在此基础上，构建二元集体土地财产权利体系，为集体土地制度改革后的主体利益界定、权利行使以及权利保护提供理论基础。

1.2.2 构建中国特色集体土地法律制度

土地制度有着鲜明的国别性格。不同国家的土地制度受其历史、文化、传统等多方面因素影响，差异性很明显。我国现有集体法律制度的类型框架移植于大陆法系，体系较为完整，但是因为土地集体所有而形成的特色土地利用制度并不明显。土地利用的方式和创新与经济结构转型及发展方式密切相关，工业化时代的农业正在向现代农业转变。农业种植规模化、科技化日趋明显，农业的供应链金融需求也明显增加。我们应建立适应农业现代化发展、适度规模经营和新型城镇化的特色集体土地法律制度，明确集体经济组织社员和外来经营者（成员）的权利主体地位和权利内容，周延覆盖其权益，促进乡村振兴。

1.2.3 解决集体土地身份性与财产性权利的结构性冲突

集体土地财产权利的性质要求其具有充足的权能，能够实现对土地的占有、使用、收益及处分的管理和支配。集体土地的保障功能决定其占有、使用、收益功能与特定集体社员身份密切相关。乡村自治的基本制度决定了集体经济组织社员有通过村民大会等实现其对自治事项的决议自由。从表象分析，集体土地上存在的权利冲突是土地利用权利的不足，实质上是身份性与财产性权利之间的结构性冲突。通过本书的研究，利用社员权和成员权两种制度，将集体土地财产权利进行类型化解构。通过集体土地财产权利类型化研究，明确赋予集体经济组织社员必要的优先权和自治权，赋予外来的集体经济组织成员以必要的表决权，健全农村集体土地法律制度，为集体经济组织社员和集体经济组织成员的权利主体、权利内容、权利行使和救济提供借鉴，调动农民参与集体资产管理和乡村公共事务管理的积极性。我们力图总结出相对完整的区分标准和权利运行图，通过以土地为载体的权利束分析，解决集体土地制度改革后所新生的主体身份性和土地用益物权财产性之间的结构性冲突，以更好地完善民事权利体系，明晰权利边界，减少权利冲突。

2

认识集体土地民事权利的不同角度

2.1 传统的民事权利体系分类视角

2.1.1 民事权利体系的分类标准

传统民法理论在民事权利体系上坚持严格的人物二分法。对于财产权与人身权的判断标准问题，绝大多数民法学者都认同以权利的标的作为区分标准，但是随着社会发展和客体类型的丰富，以及法律保护的利益种类日益增多，部分学者提出了弹性认定标准。关于弹性认定标准的观点可以分为两种：

第一种观点认为，在传统民事权利分类框架下，出现了人格与财产之间的混同。"人格物权"概念最早由芮沐提出，而徐国栋认为，人格财产与一般物之间存在较大区别。人格财产的本质是财产属性，但是其与特定主体的人格之间紧密联系，具有法律上特定物的属性，不可为一般物所替代。周琼、易继明则将此类物称为"具有人格利益的财产"。胡长清（1999）认为，"经济利益"通常被作为财产权的核心要素，但是不能将其作为唯一的定义标准。石春玲（2010）提出，精神利益和物质利益在主要的民事权利中占比是有所区别的。姜福晓（2013）认为，随着社会的发展，出现了人格权财产化和财产权人格化的现象。

上述观点存在一定的合理性。无论是对经济利益的重新认定，还是对民事权利中人格利益和财产利益的比例界定，其关注点都是在现有民事权利体系内进行权利解构。但是，上述观点的局限性在于，其所提出的民事权利二元性结论，未能覆盖新兴法益的权利需求，在传统民事权利体系内也不具有普遍适用性。值得注意的是，虽然上述观点存在不足，但以精神利益和物质利益在民事权利中的比例作为研究的切入点，是研究集体土地财产权利时值得借鉴的研究角度。

第二种观点认为，人身权与财产权的区别标准的改进，应该超脱传统民事权利二分法的框架。吴汉东（2022）认为，财产权与人身权的区别涉及财产权体系构造的外部问题。潘天怡等（2012）则从著作权角度出发，认为人格权与财产权的区分意义在于规则适用的不同，是权利背后的利益而非所保护的客体决定适用规则。

上述观点在知识产权界明显得到较为强烈的呼应，对于民法权利体系中应当摒弃"对象–权利"对应预设的想法也顺应了知识产权中对于人身权利和财产权利混合的保护需求。但是，上述观点仅仅局限在知识产权领域，其提出的法律关系客体作为权利的分类标准无法体现规范意义的主张，并未在更广泛的领域内得到支持。

2.1.2 集体土地民事权利的体系化

（1）集体土地民事权利的物权性质

对于集体土地民事权利的体系化，学者们有较多关注。关于集体土地民事权利的财产属性，较多学者提出应扩张其财产权的权能。张金明（2012）认为，应在财产法框架下考量集体土地的多重权利属性，以此解决传统民事权利体系的不足。郑尚元（2014）认为，套用《民法典》中用益物权的相关规定，难以阐释集体土地民事权利中所涉的复杂权利。胡震（2019）则以农村宅基地产权法律表达的 70 年变迁为视角，提出应赋予农民更多的财产性权利。谢潇（2020）提到，在《民法典》视野下，土地经营权是由集体土地所有权所派生的，以特定集体土地为客体，并以农业性经营为内容的用益物权。

上述研究视角囿于集体土地财产权利的定性分析和在现有权利框架下的嵌入分析，其关注点更多地明确了集体土地相关民事权利的财产属性，重点在于研究如何保护集体经济组织社员的财产权利，而对于通过集体土地流转等方式加入集体经济组织的非集体经济组织成员的财产权利保护研究明显缺失。

（2）集体土地民事权利的人身属性

对于集体经济组织社员的身份认定，研究较为丰富。村集体土地成员权的认定一直存在政府法律政策的逻辑和乡土逻辑的争论。张明慧等（2013）运用发展社会学中行动者导向方法中的社会界面视角，研究新一轮集体林权改革中如何认定成员权的问题。梁庆宾等（2014）认为，从权利属性来看，农村集体经济组织社员所享有的权利是一种典型的资格性权利，但是其同时具有并将日益凸显财产属性。应当进一步从社会管理的角度，完善农村集体经济组织的内部治理结构。在积极促进农村集体经济组织发挥乡村自治作用的同时，加大对农村集体经济组织社员的权利保护力度，为其提供充分的司法救济。程世勇（2016）认为，在当前劳动力跨城乡配置阶段，固化制度框架中集体产权非市场化的"成员权"与市场化的农户承包权"物权"体制的矛盾加剧。

上述研究从不同视角分析了社员权的功能以及完善路径，但是相关研究成果均是集体土地制度改革之前的，并未与当下集体土地制度改革的实践紧密联系。部分学者提出要加大对成员权的保护力度，为其提供充分的私法救济手段，这为本书论述完善集体社员权与成员权提供了参考视角。

但是，对于集体土地民事权利中所包含的人身属性，学者们的关注热度明显偏低。逯雨刚（2009）、刘艳琴（2011）对农民人身权的主要权能缺失进行了分析。他们认为，在集体土地上，社员权利的实现也存在"差序格局"。农民人身权的实现路径是农民对土地权利的支配，因此，要保护农民的人身权，就必须从丰富土地权能入手。森田成满（2012）、杜树海（2017）则通过对清代土地法展开研究，对作为统治结构的土地进行类型分析。他们认为，土地权与人身权相辅相成的现象可以丰富我国契约、地权研究的总体理论。上述研究更多地关注对集体社员的人身属性的认定和权利实现，但是对于人身属性与财产属性在土地权利中的占比不同而对权利构造的影响论述不足。

（3）比较法视野下的农地权利冲突

有学者从比较法的视角对农地私权的冲突与平衡进行了分析。邵兴全等（2016）认为，为了解决农地所有权与收益权的冲突以达到平衡状态，应借鉴英美法律的财产权理论，仅需将经济利益赋予真正需要赋予的农民个体即可。喜佳（2009）、舒小昀（2009）认为，英国现代化的进程就是权利扩展的进程，英美财产权理论中整体性理论、人格角度的财产权理论等可以为集体土地财产权利体系安排提供借鉴。

上述观点从比较法的角度丰富了研究中国集体土地民事权利的手段，但是基于两大法系之间的巨大差异性，英美法系相关财产理论与大陆法系的财产权利构造之间存在根本差异，不能自然移植相关理论。不过，上述研究中所呈现出来的权利扩张的趋势以及权利的财产功能增强，是值得重视的。

2.2 集体土地民事权利的实现视角

2.2.1 "三权分置"的集体土地承包经营权

随着工业化进程和城市化推进，农业用地保护和流转的需求日益兴起，违约侵权现象屡见不鲜。为了加大对土地承包经营权的保护，陈甦（1996）、张少鹏（1998）、王小映（2000）、黎元生（2007）等学者提出，土地承包经营权具有用益物权属性，通过债权物权化的形式稳定农民经营土地预期，有利于增加农民收入。《民法典》明确规定了土地承包经营权的用益物权性质以及土地经营权的相关权能，但是针对《民法典》的相关安排，学者们也有不同的观点。龙卫球（2019）李国强（2023）、高圣平（2024）、陈小君（2023）、谢鸿飞（2021）通过相关论述，认为《民法典》物权编的"三权分置"规范作为基本法律层面的物权宣示规范，存在很大的不完整性。上述研究在前沿领域对《民法典》物权编中土地承包经营权制度进行了扎实的剖析，为本书所提及的集体土地财产权利类型化研究提供了理论支撑。

从权利内容来看，"三权分置"是集体土地所有权、土地承包权和土地经营权的分置。王小映（2016）、高圣平（2020）提出，在"三权分置"学说下，集体土地承包经营权的权利构造可以区分为集体拥有的集体土地所有权、集体社员（农户）所享有的土地承包经营权和一切农业经营主体可享有的土地经营权。楼建波（2016）提出，承包权和经营权并不取代流转前的承包经营权，集体土地所有权、承包权、承包经营权、经营权四种权利的不同组合为从法律上保障各种权利提供了便利。廖洪乐（2019）认为，农地"三权分置"符合经济学和法学逻辑，农地"三权分置"可行，不会架空土地承包经营权。于飞（2020）认为，土地经营权是设立在土地承包经营权之上的新型次级用益物权，以权利用益物权作为法理支撑，与土地承包经营权之间没有物权排他性的冲突。

上述研究观点构成了目前研究农村土地承包经营权性质的主流观点，多数观点被《民法典》所采纳，呈现在我国集体土地物权制度体系内。但是，学者们对"三权分置"后土地承包经营权的分析不足。对于土地经营权的权利主体，尤其是以非集体经济组织成员为主的成员参与权研究缺失，不利于保护相应成员的利益。

2.2.2 "三权分置"的宅基地使用权

宅基地使用权"三权分置"改革的相关研究成为近两年的热点。相关研究可以分为两个维度：其一，围绕宅基地"三权分置"后的法律表达展开。陈小君（2024）、操小娟（2019）、杨遂全（2023）、高海（2020）、刘恒科（2020）等以宅基地使用权"三权分置"的法律制度构建为研究客体，围绕理论阐释、法理依据、演进逻辑等，提出了对宅基地使用权困境的破解路径。其二，关注宅基地资格权的退出和转让权利实现机制。李曙光（2019）、李国权（2020）、宋志红（2021）等围绕资格权的内涵确认和退出的实践探索，提出了可能的风险及防范措施。高圣平（2019）、吕晓等

（2020）认为，宅基地使用权的研究有待进一步深入。总体来看，由于宅基地使用权的"三权分置"改革推行后，宅基地的所有权、资格权和使用权的权利边界尚不清晰，作为彰显宅基地私益财产属性的可行路径，在立法技术上亟待将宅基地"三权分置"政策言语转换为法律语言，防范可能发生的法律风险。

2.2.3 不同学科视角下的集体土地财产权利

民法学与经济学在理论预设方面具有天然的契合性。冉昊（2015）认为，"财产权"与"产权"一经叠加，就会发生"财产性同质化"作用，进而导致单向因果关系的逆转和信息成本的无序扩张，引发社会秩序中交往安全的偏差。梅夏英等（2012）指出，财产权的设计原理应为激励相容，建立在对人性和制度认识之上。财产权结构直接塑造了博弈规则，从而影响当事人的行为，改变了均衡结果。

周林彬等（2011）、杨峥嵘（2007）从法经济学的视角，对影响我国农民财产性收入的财产权制度进行了研究。他们认为，财产权的界定影响农民的富裕程度，财产权的可转让性影响农村要素市场的发育程度，财产权的保护影响农民财产性收入的稳定性。在我国现行法律制度下，要使其在农村市场化建设中产生应有的经济价值，就应当以其权属形式的特殊方式，有效整合并且自由流通。叶向阳（2020）、任国权（1993）、王钢桥（1993）、姚洋（2004）、许经勇（2008）、邓宏图（2024）、崔宝敏（2008）等学者重点关注了农村土地产权结构和效率问题，尤其是农村土地产权变革的路径依赖。李明秋等（2013）、张翔（2015）认为，集体土地无论是农用还是非农用，其收益权都是完全的；对财产权的限制存在两种类型：社会义务与征收。在个人张扬其财产自由的同时，应使其财产亦有助于社会公共福祉的实现，即能够促进合乎人类尊严的人类整体生存。财产权的社会义务乃是基于社会关联性而对财产的使用、收益等的限制，因为财产出于公共福利的原因而应该承担的负担不需要补偿。

居民的福利水平通常也会受到财产配置状况的影响。韩俊（2004）、夏锋（2008）、张晓山（2009）、刘灿等（2012）等主张赋予农民完整的土地财产权，通过相关权利体系设计，保障农民的土地财产收益权，把土地作为农民重要的财产进行保护。但是，对于改革的进一步方向，学者们存在不同的看法，主要的争议点在于如何对待农村土地的所有权结构，是实行所有权的多元化还是坚持现行制度下的"公有私用"。

蒋省三（2010）、刘守英（2004）、刘守英（2008）等从土地资本化视角出发，认为现行农村集体土地的管理规范束缚了集体土地的资本化。土地资本化可以提高土地要素配置的效率，要最大限度实现土地的价值，就应该进行权利体系内的土地制度创新，促进土地资本化，实现农地财产权收益。赵燕菁（2019）提出，土地依赖的本质是土地金融。权利资本化是土地收益资本化的关键要素，要解决土地资本化问题，最终落脚点还是土地产权的明晰。屠世超（2007）、付振奇（2016）、刘守英（1993）认为，在实行农村土地集体所有的前提下，应实行农村土地分散利用制度，明晰并落实土地使用权人的产权。所有权情况与村民自治的有效性密切相关。村与组的集体土地所有权因产权规模不同，在利益相关和利益实现上也存在差异，进而影响村民自治的效果。陈军亚（2015）认为，从权利主体的边界清晰、权利内容的兼容性和权利流转的制度便利三个维度来看，集体经济的效率差别取决于集体土地产权的发展程度。通过集体土地的确权和鼓励流转，可以有效地改革现有集体土地产权基础，激发集体经济组织的活力。

2.2.4 集体土地财产权利的救济

刘灿等（2012）、徐石江（2015）认为，农民的土地财产权利实际上与所有权享有同等的法律地位，应建立相应的治理机制来保障权利有秩序地实现。杨代雄（2009）分析指出，人格权和身份权都可以产生救济性的权利，应当在《民法典》中增加权利复原的请求权。陈小君（2020）认为，农地民事侵权行为可划分为主体加害型侵权行为、客体受损型侵权行为、违约性侵权行为。总体来看，学者们对权利救济的分析较多，但对集体土地权利的救济分析较少。其原因在于，集体土地改革过程中所呈现出来的集体土地权利救济的内容大多数发生在村民自治范围内，而对于其他不同类型的侵权行为，请求权的基础以及规范依据和归责原则、责任承担的形态各有不同，亟待理论深化和完善。

2.3 集体土地的社会功能视角

对于集体土地的社会功能研究，多数学者的关注点在于集体土地的保障功能。陈希勇（2008）、贺书霞（2013）提出，农村土地在特定历史时期具有社会保障功能且被不断强化，但是传统土地的社会保障功能也面临新的挑战。徐忠国（2024）、柳建平（2012）、罗必良（2013）认为，土地对农民来说，具有重要的福利保障功能，但是伴随着农业劳动力的转移，农民对土地的依赖性显著降低。耿卓（2014）对于集体土地的社会功能从保障功能转向财产功能进行了论述。他以农村集体经济的发展壮大为视角，认为未来立法应实现从"让利"到"还权"、从轻视财产权到重视财产权的观念转变，针对具体权利类型进行相应的制度设计。集体土地制度变革的重心应该与社会变迁同步，从农民土地福利功能的保障转向土地财产功能的强化。祝之舟（2020）提出，土地在当今农村社会保障不完善的条件下具有经济和保障双重功能，土地双重功能的矛盾对立阻碍了发展现代农业所必需的土地流转。

对于集体土地的社会治理功能，学者们的观点各有侧重。从基层社会治理转型角度出发，吴晓燕（2013）认为，我国乡村社会的治理格局开始迈向多元治理的道路，历次土地产权制度变革就在一定程度上塑造了基层社会的治理结构。邓大才（2012）从农村土地与政治的相关性展开研究，他提出，基于小块土地对乡村治理的实际影响可以发现，农村小块土地不仅产生了重要的经济影响，而且在社会层面塑造了农民的"五种性格"，同时通过利益、偏好和权威三个机制实现了乡村的政治效应。梁栋（2018）对土地流转、阶层重构与乡村振兴政策优化进行了研究，他认为，土地流转后，农民阶层分化出现了区隔化重构，村庄社会本来隐没的不公正感凸显并形成了较强烈的阶级意识，快速更替的村庄社会结构也将乡村治理带入困境。郭亮（2018）从村级组织的土地控制角度，论述了以财产权为改革趋向的农地制度与仍然建立在土地控制基础上的村级治理方式之间的内在矛盾。他提出，土地制度改革要考虑到土地财产属性增强给村级治理所带来的连带效应。甘藏春（2020）提出，对理想的管理状态追求的极致目标是土地善治，其关键是由政府与非政府协同及多向网络化的管理模式，目标是以最小的政府和社会投入获取最大的土地管理效应。赵红梅（2020）提出，农地"三权分置"后集体所有权的功能不应弱化，应由法律赋予集体土地所有权担负维护社会公共利益和集体共同利益的使命。

汪洋（2014）、韩松（2014）则从法学视角分析了集体土地所有权的多重功能属性。他们认为，集体土地所有权具有三重功能属性，兼容了公法层面的社会治理功能、社会法层面的保障功能以及私法层面的财产私权功能。随着农村治理结构的转变，集体土地所有权逐渐转变为具备实体权利义务关系的私权规范。实体权利义务关系的体现是多维度的农民集体土地所有权权能。兼顾财产性、保障性和公共利益，应界定完善的利益补救权能，通过多项权能的体系化实现土地财产权利的行使、救济和限制。

上述研究成果从不同视角分析了集体土地的社会功能以及功能转换的方向和制度构建，对于集体土地由保障功能转向财产功能的趋势论断提供了有说服力的论证，相关研究为本书的立论提供了理论支撑。本书亦围绕集体土地财产功能的发挥，对集体社员和非集体社员的相关权利进行分类设计。但是，在相关研究中，学者们重点关注了如何保障集体社员的土地财产权利，而较少看到对集体土地上的非集体社员的权利保护研究。

3
集体土地民事权利纠纷的司法实践

3.1 土地承包经营权纠纷

根据"中国裁判文书网"公布的裁判文书，本书将最近5年涉及集体土地的诉讼案件进行了分析、归纳，分别以土地承包经营权纠纷、集体经营性建设用地使用权纠纷和宅基地使用权纠纷为关键词，进行了案件分析和争议权利性质比对。从司法实践来看，"三块地"的诉讼数量并不均衡，土地承包经营权的涉诉数量明显较多，但集体经营性建设用地使用权案件数量呈上升趋势。从诉争的权利性质来看，人身权利和财产权利均有所体现，但财产权利纠纷的数量占比呈增长趋势。

3.1.1 涉身份权纠纷

（1）确权纠纷

这类纠纷主要涉诉事由包括确认土地承包经营权的归属，土地承包经营权合同的效力，土地承包经营权上的用益物权争议、鱼塘确权等。涉诉权利多为基于身份而获得的财产权，且最近几年纠纷数量呈现上升趋势。诉讼双方既有村民和村民，也有较大数量的村民诉村委会及村股份经济合作社。村民之间的诉讼常见于兄弟姐妹、父母子女之间。当事人权益的归属争议是此类确权纠纷案件的常见争议点。

由于此类纠纷绝大多数涉及村民身份，对农户资格的认定和集体经济组织成员身份的认定是矛盾的焦点。在陈汉新与桐庐县富春江镇孝门村股份经济合作社土地承包经营权确认纠纷[①]，羊忠寿、郝桂芳、羊荔等与羊忠峰、陈玉莲、羊艳等土地承包经营权确认纠纷[②]，彭集周与平江县城关镇城郊村第三村民小组土地承包经营权继承纠纷[③]等大量案件中，法官依据相关法律规定认为，集体土地上的家庭承包经营权是以农户为单位进行分配的新型用益物权，不论农户成员如何变化，如出生、死亡、婚嫁、户口迁出或迁入等，发包方在承包期内一般无权收回或调整承包权。基于农户是家庭承包经营权的主体，农户中的家庭成员依法对土地承包经营权共同享有权利。因此，在主体资格上，要求承包方属于集体经济组织的成员，对于是否具有农户成员身份是判定家庭成员是否享有土地承包经营权的基础要素。农户内部成员发生变动，如某成员因迁入城市而脱离农户的情形，在内部关系上是否可能导致该成员丧失土地承包经营权，进而对其他成员的权利产生影响？需要注意的是，在上述判决中，均区分了"集体经济组织"与"农户"的不同内涵。"农户"指向以家庭承包方式取得土地承包经营权的分配单位与权利主体；而"集体经济组织成员"则是对主体资格及范围的限定，不属于集体经济组织的个人或单位通常被排除在承包方之外。

（2）继承纠纷

继承是典型的基于身份行为的法律事实。这类纠纷主要涉诉事由包括以家庭承包方式获得的土地承包经营权的继承、以非家庭承包方式承包的土地承包经营权的继承，以及林地和草地的继

---

① 案号：（2020）浙0122民初2797号。
② 案号：（2020）青2321民初902号。
③ 案号：（2017）湘0626民初1050号。

承、第三人配合返还土地、基于继承获得的土地份额要求重新签订承包合同等。

对于权利继承而言，农村土地承包经营权的获得方式区别明显。农村土地承包采取两种不同方式：农村集体经济组织社员可以家庭名义承包土地；对于不宜采取家庭承包方式的"四荒地"，可以采取公开协商、招标、拍卖等方式承包。以农户家庭名义承包的土地承包经营权，其主体为本集体经济组织内部的农户家庭，该权利并不属于农户内的具体家庭成员，而是属于农户家庭。因此，农户家庭成员中个别人死亡，不影响承包经营权的存续，承包地仍由该农户中的其他家庭成员继续承包经营；只有当农户家庭的成员全部死亡时，农户主体资格才消灭，该土地承包经营权灭失。非农户家庭成员的继承人不能再继续承包经营，以免对农地的社会保障功能产生消极影响。能够被继承的遗产只能是被继承人的个人合法财产，农村土地承包经营权不属于个人财产，不发生继承问题。在彭集周与平江县城关镇城郊村第三村民小组土地承包经营权继承纠纷[1]，张登菊与张登培、王晓琴土地承包经营权继承纠纷[2]案中，原告户口已迁出被告村组多年，虽然一直居住在当地，但其主要收入一直来源于城镇，现在还享受城镇养老保险待遇，不属于其父母所在的农户中的一员，未能获得诉争土地承包经营权。上述观点在李胜隆与龙里县冠山街道三合社区委员会土地承包经营权继承纠纷[3]，徐龙福、任凤英与镇江市大路镇小港村村民委员会、镇江市大路镇小港村普照后徐村

---

[1] 案号：（2017）湘0626民初1050号。
[2] 案号：（2021）川15民终627号。
[3] 案号：（2018）黔2730民初1568号。

民小组土地承包经营权继承纠纷①，李某1、李某2、刘某等与李某土地承包经营权继承纠纷②等案件中都有所体现。而对于以其他方式承包的土地，继承人可以继续承包。此时，不需要考虑当事主体的身份问题。

对于"继承"与"继续承包经营"的认定也被大家所关注，尤以林地承包权的继承争议最为突出。家庭承包中的林地承包具有特殊性，林地上的作物生长周期长，获得回报较慢，资金投入较大，土地性质特殊。基于上述考量和对农村承包经营制度的稳定预期的构建，相关法律规定，林地使用权的承包人死亡时，其合法继承人在未放弃继承权的前提下，可以在原承包期内继续承包。以其他方式承包集体土地的承包人死亡时，其合法继承人也可以在承包期内继续承包。在刘洪国与刘洪斌土地承包经营权继承纠纷③中，法官认为，继承人继续承包并不等同于继承法所规定的继承。在邹正位、邹政强与石柱土家族自治县沙子镇盘龙村盘龙组、唐治兴农村承包经营户、邹正秀等土地承包经营权继承纠纷④案中，法官认为，林地家庭承包案件中，家庭成员的继承人可以继续承包该林地直至承包期满，且继承人不限于本集体经济组织成员。

3.1.2 涉财产权纠纷

土地承包经营权的涉财产权利性质纠纷多数是在土地经营权抵

---

① 案号：（2017）苏1191民初952号。
② 案号：（2019）甘0523民初109号。
③ 案号：（2020）辽0283民初3535号。
④ 案号：（2020）渝0240民初3790号。

押、出租、流转、互换等过程中发生的，不因当事人特定身份而统一适用财产法规则予以裁判的行为。

（1）抵押权纠纷

这类纠纷主要涉诉事由包括抵押权是否设立、抵押合同是否有效、优先受偿权、土地使用权抵债、是否属于土地承包合同纠纷、合同内容变更、口头抵押合同效力、自主开发荒地的抵押效力、未经土地承包经营权证登记簿上登记的权利人签名或同意是否有效、借款协议约定经营权抵押是否有效等行为。在李纯章与李赋章土地承包经营权抵押合同纠纷[①]、王芬机与张龙香土地承包经营权抵押合同纠纷[②]、上诉人玛纳斯县农村信用合作联社因与被上诉人杨志龙土地承包经营权抵押合同纠纷[③]等案件中，均涉及土地经营权抵押。该类案件的裁判规则比较明确，均基于《民法典》合同编和物权编的相关规定据以裁判。

（2）出租合同纠纷

出租合同纠纷的诉争请求比较复杂，包括原告实施的土地整治、渠道修复等工程是否系代为履行，合同解除权，口头约定同意终止合同并且在知晓领取土地流转费是终止合同的情况下领取流转费是否视为合同已经终止，租金变更，维修义务以及相关费用，承包地上建厂房是否影响合同效力，口头转包是否影响效力，政府规划对租赁合同的效力影响，果园位置、面积、果树株数与限制情况有差异是否影响合同效力，口头租赁是否有效，争议的解决方式，租赁合同履行期间私建住宅是否享有所有权等。

---

① 案号：（2016）粤民申6822号。
② 案号：（2017）黔05民终3920号。
③ 案号：（2019）新23民终1059号。

在原告于长清与被告于同顺、王玉红、于志周、于志强（第三人韩更林土地承包经营权出租合同纠纷）[1]，上诉人天津市静海区陈官屯镇小赵家洼村民委员会因与被上诉人天津市桥丰果树种植专业合作社、李西坤土地承包经营权出租合同纠纷[2]，上诉人卢远琦因与被上诉人朱建华土地承包经营权出租合同纠纷[3]，上诉人贾文芹因与被上诉人新乐市长寿街道东名村村民委员会土地承包经营权纠纷[4]等案件中，法官认为，土地承包经营权可以依法采取出租、转让等方式流转，合同系双方真实意思表示，租用土地承包经营权本身未违反法律强制性规定。当事人在履行合同过程中违反了《中华人民共和国土地管理法》（以下简称《土地管理法》）的相关管理规定，并不影响租地合同的效力。

（3）转让合同纠纷

转让合同纠纷主要诉讼请求为确认转让合同效力、租赁期限约定不明对合同效力的影响、字据等形式是否影响合同效力、经营权转移是否可以击破租赁等。围绕合同效力的判断主要是基于《民法典》相关规定予以裁判。在原告杨茂源、被告王绪德及第三人魏焕荣土地承包经营权转让合同纠纷[5]案中，法官根据举重以明轻原则，认为与所有权转移相比更弱的经营权转移更不应击破租赁，必然受到已签订的租赁合同的约束。在原告钟广显与被告钟奎瑞土地承包经营权转让合同纠纷[6]案中，法院运用《民法典》的相关规定，确认未签订书面合同的土地承包经营权转让有效，但属于不定期租

---

① 案号：（2015）鸡民初字第421号。
② 案号：（2021）津02民终2219号。
③ 案号：（2021）川34民终928号。
④ 案号：（2021）冀01民终2106号。
⑤ 案号：（2021）鲁0112民初899号。
⑥ 案号：（2021）鲁1521民初603号。

赁。在原告张永生与被告杜老成、陈东生、宁金安土地承包经营权转让合同纠纷①、原告杨某某与被告马俊某土地承包经营权转让合同纠纷②等案件中，对于转让土地承包经营权未征得发包方同意的，法官认定，转让案涉土地行为违反了法律、法规的强制性规定，所签订的合同应属于无效。

（4）互换合同纠纷

互换合同纠纷主要诉讼请求为请求依法判令被告拆除建在原告原来持有土地承包证的责任田上的非法建筑物、自愿达成的互换协议是否有效、口头互换协议是否有效、"对田合约"是否有效、协议是否履行等。

为了方便耕种或者便利各自需要，承包方之间可以互换属于同一集体经济组织土地的土地承包经营权。互换土地的形式多种多样。在原告梁友明农村承包经营户与被告付帮文土地承包经营权互换合同纠纷③案中，案涉土地自始至终都登记在各自名下，他们只是交换土地耕种，所以认定未发生土地承包经营权转移。即便曾经以自己的名义向村委会缴纳案涉土地的公粮，也只是村委会收粮时以权利人还是实际耕种者登记的内部管理问题，仅凭该证据不足以证实代耕人与村委会就案涉土地建立了新的土地承包关系，也不足以证实代耕人享有案涉土地承包经营权。

在原告杜桂明与被告王冬辉、靳明旭、邵树国、邵卫东土地承包经营权互换合同纠纷④，原告雷治新与被告雷治负、雷治秋、雷

---

① 案号：（2020）冀0638民初45号。
② 案号：（2020）冀0638民初262号。
③ 案号：（2020）黔0527民初1843号。
④ 案号：（2019）冀0828民初5463号。

端平、雷芳土地承包经营权互换合同纠纷①案中，原告与被告为方便生产和生活，经协商一致达成口头互换土地的协议。虽然欠缺形式有效要件，未签订书面合同，但因双方的实际履行行为所补正，并不影响合同的效力，双方已经形成土地承包经营权互换合同关系。互换后，双方均丧失原承包地的经营权而取得互换后土地的承包经营权，且不因未经备案而影响合同的效力。在原告曹建成、张国娟、曹汉业诉被告詹锦周土地承包经营权互换合同纠纷②案中，户主签订对换诉争土地"对田合约"的行为可视为原告家庭成员间对诉争土地使用所作的一种安排。该行为构成表见代理，该对换诉争土地"对田合约"没有违反法律、行政法规的强制性规定，应当视为双方的真实意思表示，是合法有效的协议。

3.1.3 身份权与财产权的混合纠纷

此种类型的纠纷主要表现为入股合同纠纷。入股合同糅合了身份权和财产权属性，在司法实践中，围绕入股合同的效力、入股合同的撤销、转包还是入股的性质认定、土地入股后是土地收益还是土地补偿、村股份合作社成员认定、入股和出租关系并存、先期土地投资资金的入股性质、政府征收征用对合同效力的影响等，经常发生争议。法官裁判时，要综合考虑家庭承包地的社会保障功能和入股目的的正当性。在秦彦军与白淑云、王维忠土地承包经营权入股合同纠纷③案中，法官以当事人意图骗取高额征收补偿款为由，

---

① 案号：（2018）湘1122民初845号。
② 案号：（2018）粤0981民初3381号。
③ 案号：（2018）甘1123民初1965号。

认定以合法形式掩盖非法目的签订的合同应属无效。在沈阳市沈北新区东耀农民专业合作社与付友新土地承包经营权入股合同纠纷[1]案中，法官以探究真实意图作为裁判依据，认为双方签订的入股合同因被告只享受每年的保底红利3 388元并参与其他红利的分配，但不承担风险，将其认定为土地承包经营权转包合同。

在严达田与水城县林务投资有限责任公司、水城县海坪种养殖农民专业合作社土地承包经营权入股合同纠纷[2]，杨长红与天津市北辰区小淀镇温家房子村民委员会土地承包经营权入股合同纠纷[3]案中，法官认为，应综合协议的形式要件及实质要件判断行为性质。案涉入股协议本质上是村民将确权承包的土地统一流转到村集体，由村集体与案外人天津北辰科技园区总公司进行合作开发并取得分红。该案定性为对于村集体土地承包经营权的使用、收益分配方案及应分得的具体数额不认可而提起的诉讼。在张殿如与杭锦旗巴音布拉格种植专业合作社土地承包经营权入股合同纠纷[4]案中，在巴音布拉格嘎查"两委""四权四制"村民代表及村民扩大会议表决同意的基础上，原告张殿如与其他草牧场承包经营权人自愿入股成立农业合作社，从事农牧业合作生产，为有效合同。

要求确认当事人为村股份经济合作社成员的案件也具有一定的典型性。在张叶与济南市章丘区双山街道李家埠村民委员会土地承包经营权入股合同纠纷[5]案中，庭审时，争议双方相互质证原告的集体经济组织成员身份。由于目前尚无法律对农村集体经济组织社

---

① 案号：（2018）辽0113民初2819号。
② 案号：（2019）黔0221民初2045号。
③ 案号：（2016）津01民终777号。
④ 案号：（2015）杭民一初字第1767号。
⑤ 案号：（2020）鲁0181民初6604号。

员资格进行明确界定，在无法定标准的情况下，对于成员资格的审查认定应以政府指导文件及村委会自治为主。根据济南市章丘区农村集体产权制度改革领导小组印发的济章农产权办字〔2018〕3号《关于做好农村集体产权制度改革成员资格认定工作指导意见》的规定，农村集体产权制度改革成员资格认定流程为：第一，召开成员（代表）会议。第二，成员名册初、再榜公示。第三，签字确认成员名册。第四，成员名册终榜公示。第五，存档备案。结合该指导意见的流程，可以确定在上述案件中，并未实际确认原告的集体经济组织成员资格。

3.2 宅基地使用权纠纷

3.2.1 涉身份权纠纷

（1）转让纠纷

宅基地使用权转让纠纷主要涉及宅基地使用权转让协议是否自愿、是否有效，要求被告返还置换的安置补偿房屋，协助义务，口头分房的效力，附限制性条件的变更义务，政府行政处理的介入等。

基于相关规定，宅基地属于农民集体所有，由农村集体经济组织分配给本集体经济组织成员，不能对外流转。究其原因，宅基地使用权系特定主体在农村集体土地上设定的用益物权，与农村集体经济组织成员资格联系在一起，含有人役权之特征，具有福利性，集体经济组织以外的人员不能享受这种权益。宅基地仅用于建造自住房屋，以户为单位通过审批取得。当农村集体经济组织成员失去成员资格后，就不再享有上述权益，如出现绝户等情况，农村集体经济组织可无偿收回宅基地。出卖应当理解为在不侵害农村集体经济组织土地资源的情况下且仅针对出卖宅基地上房屋的行为予以认可，一般情况下，这是发生在同一农村集体经济组织各成员之间的房屋买卖行为。

在操斌与杨秋惠买卖合同纠纷[①]、陈福荣与王国成买卖合同纠纷[②]、江门市江海区礼乐街道英南村民委员会与吴彩霞确认合同效力纠纷[③]、张建明与高加奇确认合同无效纠纷[④]等案件中，均涉及非本集体经济组织成员受让宅基地使用权或地上房屋。当事法院均以双方之间的宅基地使用权转让行为违反法律的强制性规定和国家政策为由，认定为无效。即使在个别案件中[⑤]，出现了村委会加盖公章的行为，但是村委会并不是有权审核批准宅基地使用权转让事宜的相关政府部门，该行为仍然不能改变宅基地使用权未经审批流转的性质。

当宅基地使用权及地上房屋在集体经济组织成员之间转让时，也可能存在受让方违反一户只能拥有一处宅基地的规定。在周咬观与李强宅基地使用权纠纷[⑥]案中，双方签订的"农村搬迁安置宅基地使用权转让协议"系双方真实意思表示，未违反强制性规范中的效力性规定。本案中受让方违反了一户一宅的政策规定，但该规定

[①]　案号：（2018）浙 0683 民初 1385 号。
[②]　案号：（2017）冀 0822 民初 2326 号。
[③]　案号：（2017）粤 0704 民初 1957 号。
[④]　案号：（2019）浙 0402 民初 577 号。
[⑤]　见前注：陈福荣与王国成买卖合同纠纷。
[⑥]　案号：（2016）浙 0411 民初 1468 号。

属管理性规定，虽然影响"农村搬迁安置宅基地使用权转让协议"能否实际履行，并不影响合同的效力。

（2）确权纠纷

确权纠纷主要涉及确认宅基地使用权、确定宅基地上房屋的所有权、动迁款的受益对象及相应的财产份额确定，以及在分家析产时围绕被继承人在系争房屋中的份额确定、房屋转让时是否将被继承人的份额一并转让、宅基地使用权的份额确定、双方争议的案涉宅基地权属性质等方面。

宅基地使用权人依法对集体所有的土地享有占有、使用和附条件流转的权利。在刘国金与刘丹、肖艳霞宅基地使用权纠纷[①]，毛菊英、毛文强与朱新云共有物分割纠纷[②]等案件中，双方口头达成的宅基地使用权转让合同系双方的真实意思表示，亦经村集体研究同意，予以确认有效，以此确定动迁款的受益对象及相应的财产份额。

农村宅基地上的房屋具有很强的身份属性，根据《土地管理法》《中华人民共和国物权法》（以下简称《物权法》）[③]的规定，在建设用地使用权上建造的建筑物等属于建设用地使用权人，宅基地使用权登记的人员可以为宅基地房屋的共同所有权人。农村宅基地上的房屋权益由地上建筑物和宅基地使用权两个方面组成。在曹某甲、秦某某等与曹某丙分家析产纠纷[④]案中，鉴于农村宅基地使用权的保障功能和身份属性，宅基地由农村集体经济组织无偿提供

---

① 案号：（2018）冀0205民初449号。
② 案号：（2018）沪0117民初8069号。
③ 《民法典》第一千二百六十条规定，本法自2021年1月1日起施行。《中华人民共和国物权法》《中华人民共和国侵权责任法》《中华人民共和国民法总则》同时废止。
④ 案号：（2015）松民一（民）初字第11515号。

给本集体经济组织社员享有，一户只能拥有一处宅基地。法官认为，地上建筑物应当归属于建筑物的权利人，原权利人已经死亡的，可依继承关系进行处理。

3.2.2　涉财产权纠纷

宅基地使用权在行使时涉及的财产权利纠纷主要为相邻关系争议和侵权纠纷。侵权纠纷案件数量较多，但大多数涉及侵权法律的单一调整，不涉及财产权与身份权的重叠，不在本书的论述范围之内。相邻关系是发挥不动产价值所必需的对他人权利的限制。基于农村社会的多元化纠纷解决机制，依诉讼方式请求对诉请予以支持的案件并不多，主要表现为被告的动物饲养行为是否超过邻里之间的容忍限度、被告修建通行道路行为是否构成侵权等。

在黄成生与黄移生宅基地使用权纠纷[①]，贾明成、王秋华等诉夏秋东相邻关系纠纷[②]案中，法官认为，根据民法中相邻关系的规定，不动产的相邻各方应当遵循"十六字原则"，按照有利生产、方便生活、团结互助、公平合理的精神，正确处理眺望、排水、采光、通行等相邻关系。因为行使权利给相邻方造成损失的，应当承担民法上的停止侵害、赔偿损失等责任。

值得一提的是，如何在具体裁判过程中确定利益位阶以及如何进行取舍有一定的规律性。无差别对待的正义价值观要求法律对所有利益主体的正当利益予以同等保护。面对交叉重叠的双方利益，应尽力挖掘双方权利的互补性，力求同时维护所有正当权

---

① 案号：（2019）湘0581民初1391号。
② 案号：（2017）京03民终5642号。

益。但是，如果相互冲突的双方均可选择适当的法律依据支持自己的理由，就应确立一个更高位阶的价值观来衡量各方利益在价值体系中的次序。就权利被侵害的类型而言，相邻关系纠纷主要涉及以下几种：生命权、身体权、健康权、前者以外的其他人格利益、普遍意义的财产权等其他权利。不同类型的权利在法律价值判断上是有差别的，给予救济、适用利益衡量原则时也应当区别考虑。通常而言，生命权高于健康权，而后者又高于财产等其他利益。一般情况下，在处理此类纠纷时，经营收益权利与居住生活的基本人身权利相比，前者必然要作出让步。在个案处理时，可以优先考虑基于效率原则对不同权利进行保护和限制的成本，在此基础上进行评估，最大限度地实现整体最大利益。在必须进行取舍时，应优先考虑目的优先性以及受损害方利益替代的可能性。上述判断规则对本书所涉及的财产权与身份权的划分具有一定的借鉴意义。

3.3 集体经营性建设用地使用权纠纷

3.3.1 涉身份权纠纷

在集体经营性建设用地使用权的诉讼理由中，涉及集体经济组织成员身份的主要是土地补偿款的分配、合作社社员身份认定和诉争土地权利的继承等，诉争双方多为集体经济组织成员与集体经济组织，主要涉诉权利为基于社员身份而产生的财产请求权。因此，对集体经济组织成员的身份认定成为此类案件的裁判焦点。

在曾某与浏阳市洞阳镇西园村新屋二村民小组侵害集体经济组织成员权益纠纷[1]案中,基于集体共同讨论形成的"新屋田土山水征收占用统一分配方案",所有组上任何征收占用补偿收入一律按照现有组上农业户的人数统一平均分配。征收人口范围界定按当时征收协议签字当日截止,生死不管。所有的子女嫁出,从领取结婚证日或办酒日为止,再无权参加分配;嫁进的子女,凭领结婚证日期,符合条件的方可参加分配。法官认为,原告作为外嫁女,是否仍具有新屋二组集体经济组织成员资格,应当综合考虑当事人户籍、农村土地对农民的基本生活保障功能以及当地政府对集体经济组织成员资格界定等因素予以确定。原告户口仍然登记在新屋二组,也没有证据证明其承包地被调整给了他人,夫家也没有重新分得承包土地,仍然是以新屋二组的土地作为其基本生活保障,法官以此认定其集体经济组织社员资格。

在刘雪丽、王某与义乌市上溪镇里美山村股份经济合作社侵害集体经济组织成员权益纠纷[2]案中,里美山合作社向两原告颁发股权证,确认两原告各享有一个基本股权,而在随后的集体经营性土地入市收益分配中,两原告均未获得分配。法官认为,根据省、市相关文件的规定,股份经济合作社的股权应实行静态管理,户籍不影响经济合作社社员身份。原告婚嫁至夫家直至离婚,未享受夫家所在地集体经济组织成员待遇。被告以原告的户籍该迁出而未迁出为由,作出两原告不享有集体经济组织收益分配的决议,缺乏事实与法律依据,侵害了原告的合法权益。

---

[1] 案号:(2020)湘0181民初7653号。
[2] 案号:(2020)浙0782民初4240号。

3.3.2 涉财产权纠纷

涉及财产权的诉讼种类较多，涉及"立杜卖契""土地使用权转让合同书"等协议的效力争议、以集体土地使用权抵债的行为性质认定、侵权诉讼、集体土地租赁合同期限以及执行异议等。涉诉权利为财产权利的争议多为合同法律制度、侵权法律制度和执行法律制度所调整。

（1）合同效力纠纷

集体经营性建设用地流转涉及的合同形式丰富多样，存在"项目营销代理合同""铺地买卖合同""物业使用权转让合同""经营管理服务协议""立杜卖契""土地使用权转让合同书"等多种形式，主要诉争理由在于集体经营性建设用地流转是否符合政策规定、是否经本集体经济组织成员依法表决和集体经营性建设用地使用权的性质认定等。

集体经营性建设用地流转裁判的上位法依据，法官主要根据《土地管理法》、全国人民代表大会常务委员会相关决定以及各地方自行制定的农村集体经营性建设用地的入市管理办法。在常州双浩通用机械股份有限公司与常州万兴纸塑有限公司建设用地使用权转让合同纠纷[①]案中，常州市武进区作为江苏省唯一试点地区，组织开展了农村集体经营性建设用地入市试点工作，明确规定集体经营性建设用地入市，应经本集体经济组织集体研究决定并形成"集体经营性建设用地入市决议"，由所在镇政府（开发区管委会）和相

---

① 案号：（2020）苏0412民初3364号。

关部门出具审核意见，凭规费缴纳证明等提出入市申请，经区政府批准后发放"常州市武进区农村集体经营性建设用地入市核准书"等。法院据此裁判转让合同有效。

对于集体经营性建设用地流转的性质认定，则主要是根据《土地管理法》的相关规定，属于集体所有土地的使用权转让，应当满足以下条件：该土地被规划确定为工业、商业等经营性用途，除此之外，还应被登记为集体经营性建设用地土地性质；该土地使用权系通过出让方式取得。土地所有权人通过出让、出租等方式将集体经营性建设用地使用权交由其他单位或者个人使用，应当签订要式合同，载明土地相关信息和双方其他权利与义务。在李凯与李安娜建设用地使用权转让合同纠纷①，成都汇兴投资有限公司、钟涛与四川未来城镇建设管理股份有限公司占有排除妨害纠纷②案中，当事人未能提供取得集体经营性建设用地使用权的资料，没有相关批准手续，建设审批手续不齐全，因此，案涉土地使用权应视为依法不可以转让之类型，双方所签订的土地转让协议因违反法律的强制性规定依法确定为无效。在任景龙与莱州市人民政府文峰路街道办事处建设用地使用权转让合同纠纷③案中，因土地符合集体经营性建设用地流转要求，合同认定为有效，判决被告应当履行诸如签字、盖章等协助原告办理不动产权证手续的义务。

（2）土地租赁合同纠纷

农村集体土地的出租、出让等属于国家宏观政策调整的范围，也属于《民法典》所规定的公序良俗。只要当事人的民事法律行为

---

① 案号：（2019）湘0481民初11589号。
② 案号：（2020）川01民终16285号。
③ 案号：（2020）鲁0683民初2128号。

符合有关规定，不违反法律、行政法规的强制性规定，不违背公序良俗，就应认定民事行为合法。目前主要争议点在于"合作投资企业合同书""租用土地协议书"等土地租赁合同中，租赁期限和土地使用权期限之间的规则选择。

对于租赁合同期限的争议，主要源于法律规范之间的不同规定。基于《民法典》的规定，租赁合同期限不得超过20年，超过部分无效。2020年1月1日实施的《土地管理法》①则有不同的规定。租赁合同期限应该适用20年还是参照土地使用权期限，是此类纠纷的主要争议点。目前，国务院尚未出台具体办法。在法律、行政法规没有授权性或禁止性规定的情况下，在司法实践中，一般是探寻规范效力层级次之的部门规章和地方政府规章，将其作为认定合同效力的依据。

根据相关规定，集体经营性建设用地租赁合同根据特别法优先于一般法的规定，虽然可以适用《民法典》合同编的一般规定，但是，土地租赁期限规定应优先适用《土地管理法》等法律中关于期限的规定。广州傲能屹立通用机械有限公司与广州市黄埔区永和街新庄社区小东经济合作社、广州市屹立机电设备有限公司、广州高新建设开发有限公司等土地租赁合同纠纷②案发生于《民法典》生效之后，法院的相关裁判观点具有很大的指导意义。法官释法时指出，鉴于案涉租赁合同的标的物具有特殊性，承租人需要在承租土地建设建筑物才能物尽其用。而上盖建筑物一般为永久性建筑物才符合《民法典》规定的民事活动应当有利于节约资源、保护生态环

_____

① 《土地管理法》第六十三条第四款规定，集体经营性建设用地的出租，集体建设用地使用权的出让、转让、互换、出资、赠与、抵押等，参照同类用途的国有建设用地执行。具体办法由国务院制定。
② 案号：（2020）粤01民终23078号。

境的"绿色原则"。如果租赁期限过短，投入和产出将不成正比，这将限制土地的合法开发利用，也必然限制农村集体土地的租赁流转，整体将不利于社会经济的发展。

（3）其他纠纷

其他纠纷主要表现为"资产转让合同"中条款的效力问题、执行程序中原告是否享有足以阻却执行的民事权益以及相关的侵权纠纷。此类纠纷多涉及执行程序中的执行异议和侵权法律中的损害赔偿。

3.4　集体土地民事权利纠纷的原因分析

3.4.1　集体所有权主体虚无，村委会职权扩大

（1）乡镇

《民法典》明确规定了集体土地所有权的归属和集体所有权的行使代表。[①]20世纪90年代改制后，原镇办企业占有的土地变成改制后的企业所有。一些地方的乡镇政府通过利用农民集体土地设立各种开发区、各类名目的工业区以及发展城镇经济。从土地性质来看，有些土地在此过程中转为国有性质，但有些土地仍然归集体所

---

① 《民法典》第二百六十二条规定，对于集体所有的土地和森林、山岭、草原、荒地、滩涂等，依照下列规定行使所有权：（一）属于村农民集体所有的，由村集体经济组织或者村民委员会依法代表集体行使所有权；（二）分别属于村内两个以上农民集体所有的，由村内各该集体经济组织或者村民小组依法代表集体行使所有权；（三）属于乡镇农民集体所有的，由乡镇集体经济组织代表集体行使所有权。

有。作为土地的所有者，乡镇政府积极参与土地的经营以及利益分成，在事实上拥有了部分集体土地的所有权。许多乡镇还保留了一定数量的镇属土地，既没有办理国有土地证，也不属于基本农田，名为集体所有，实为政府所有和经营。

（2）村集体

在人民公社时期，中国农村实行的是三级所有、以队为基础的所有制形式。作为农业生产、农产品分配和集体财产利用的基本单位，生产队发挥着重要的组织、协调作用。土地实行家庭承包经营后，生产小队改成村民小组，生产大队则变为村委会。土地承包经营长期不变，使得生产队不再从事生产经营和收益分配，也不再具有强有力的组织、协调能力，其作为土地所有权代表的权利大为弱化。

（3）村委会

在乡村自治背景下，集体经济组织、村民自治组织和基层党组织的功能均由村委会一体施行，其协调资源、调动人员的权利大大增强，村委会逐渐替代了集体经济组织和村民小组，行使集体土地所有权人的权能。村委会掌管集体土地所有权证，统一支配土地征用款，统一分配土地租金等。村委会自治职能与经济、政治职能重合，不利于集体资产的保值增值。[①]

3.4.2　集体经济组织实体化，非集体经济组织成员边缘化

集体经济组织控制的土地下放给了农户，以前生产队在农业生

[①] 蒋省三，刘守英，李青. 中国土地政策改革，政策演进与地方实施［M］. 上海：上海三联书店，2010：291-293.

产和分配上的功能被瓦解，其控制集体积累和收入的能力也不复存在。在实践中，为了发挥土地的价值，集体经济组织开创性地经营、运用土地，通过设立企业，成立以分配土地收益为纽带的经济实体；从分配土地到分配土地收益，发挥集体经济组织的调控职能，实现了集体经济组织的实体化。通过将土地集中到集体经济组织，统一将土地从事非农经营，进行土地开发、建造厂房、引进工业企业等。集体经济组织将大部分利润提留，用于行政管理、公共福利事业、社区文明建设和扩大再生产。这种收入被冠以集体经济组织的名义，用于集体社区范围内公共品的投资和村民福利的提供。

非集体经济组织成员的权利则被淡化。非集体经济组织成员可以通过流转、抵押等方式获得土地使用权，其拥有对土地占有、使用、收益以及部分处分的权能，但是因其不具备集体经济组织社员资格，其权利被忽视。根据相关法律的规定，集体土地征收补偿方案的制定、土地的调整均由村民大会表决，村民大会由本村村民组成，因此，作为非集体经济组织社员的外来经营者被排除在表决权之外。在涉地重要权利中，特别是在涉及土地征收补偿款分配、公共设施利用、土地相邻关系以及地役权设定等方面，非集体经济组织社员均无权参与表决，也缺少相应的救济机制和运作机制。非集体经济组织社员本应是土地资本化的主体，在集体范围内却逐渐被边缘化了。

3.4.3　集体表决障碍

城乡双向流动造成集体表决权空心化。有表决权的集体经济组织社员离开集体生活，因为利益分化而造成表决困难，容易造成表决权行使的放弃或者僵局。现行法律对集体经济组织社员表决权行使程序的规定不明确，对是否可以委托、代理行使表决权以及行使方式没有作出规定。同理，对于外嫁女、离开集体经济组织生活但未迁出户口的群体，其权利保护依据缺少体系化表述。

障碍还来自表决事项规定的不完善。根据《民法典》的规定[①]，将土地发包给集体以外的单位或者个人承包，需要征得村民会议表决同意。发包是指发包方集体经济组织作为所有人身份将土地使用权对外承包，此处并未涵盖已经获得承包地的农民再将土地经营权流转给非集体经济组织成员的情形，对土地承包经营权抵押是否需要村民小组讨论同意也未作出明确规定。对于非集体经济组织社员的外来经营者的表决权规定也是缺失的。

---

① 《民法典》第二百六十一条规定，下列事项应当依照法定程序经本集体成员决定：（一）土地承包方案以及将土地发包给本集体以外的单位或者个人承包；（二）个别土地承包经营权人之间承包地的调整；（三）土地补偿费等费用的使用、分配办法；（四）集体出资的企业的所有权变动等事项；（五）法律规定的其他事项。

4

传统土地功能的变迁与面向

4.1 土地财产观念的勃兴

4.1.1 财产观念变迁的基本脉络

财产所有权是国家和统治建立的基础。一个国家的性质、政府形式都是由财产（即土地）占有情况所决定的，如果一个国家的大部分土地（比如说3/4）被一个人占有，那一定是君主制；如果一个国家的大部分土地被贵族（包括僧侣）阶级占有，那就是贵族政体；如果全体人民都是地主，则是民主共和政体。一个国家失去了财产——土地所有权，就像失去了根基的空中楼阁。①因此，人们对财产的观念在绝大多数情况下折射出其对待土地的态度。

（1）古典时期的财产态度

无论是人类历史演进还是法律制度变迁的发展史，财产都是核心概念。对人类文明的考查结果揭示了财产与正当性相关，是一项重要的伦理安排。土地财产则是重要的财富载体之一。"私的所有"是在对和平、幸福、正义的追求过程中逐渐形成和发展的。

古希腊时期，人们已经对财产有了清晰的认识，城市居民都全力以赴地积聚财富。正如柏拉图所说，"金钱和美德不就像一架天平的两臂：一端上升的时候，另一端就会下降"。②在古希腊人眼中，土地、金钱等是最重要的物质形态的财富。但是，人们对于私

---

① 哈林顿. 大洋国 [M]. 何新，译. 北京：商务印书馆，1996：9-12.
② 派普斯. 财产论 [M]. 蒋琳琦，译. 北京：经济科学出版社，2003：5.

有财产的态度也逐渐发生着变化。柏拉图师承苏格拉底，他认为从伦理的角度审视财产，不能将所有罪恶都归罪于私有制。私人所有更有效率，会形成稳定的社会秩序，也更加契合人性。私有财产将成为社会发展中的积极因素。

罗马能够取代希腊成为地中海乃至整个欧洲的主人，是一系列因素综合作用的结果。罗马在思想上的重要贡献是构建了基于理性的法律。早期的《十二铜表法》反映了传统农业社会的民族立法。随着大量外来人口、战俘等不断涌入，罗马开始制定一部可以广泛使用的新法律——《万国法》。罗马在法律上确立了私人的财产权利，这是其对西方文明的重要贡献。罗马法提出了"在法律许可的范围内使用和耗费某人的物品的权利"①的所有权观念，进一步确认了私有财产的权能。

文明的发展带来了巨大的收益和成就，决定性地促进了人类的生产力和福利。②农民对贵族的义务从实物转变为货币，数量未变，但责任变重了。强有力的中产阶级在快速发展的贸易中被创造出来，中产阶级同失去产业的农民联合，极力要求实现政治自由化。雅典的首席执政官梭伦采取了简单而又严厉的措施，将债务人失去的全部土地所有权归还义务人；首次准许没有财产的平民参加公民大会，但他们的权力仍然很有限。庇西特拉图则将贵族的土地划成小块，并将碎片化的土地分配给没有土地的农民，而大规模的美化城市公共工程让城市贫民得到了帮助。在希腊-罗马文明、印度文明与中国文明的形成过程中，财产对不同人群社会地位的确定发挥

---

① 派普斯. 财产论 [M]. 蒋琳琦, 译. 北京：经济科学出版社, 2003：1.
② 斯塔夫里阿诺斯. 全球通史：从史前史到21世纪 [M]. 吴象婴, 梁赤民, 董书慧, 译. 北京：北京大学出版社, 2006：193-195.

了极为重要的作用，对文明形成发挥了基础作用，是法律制度构建的物质条件。财产的功能自其诞生之时便已确立且延续，不断地丰富。

（2）中世纪的财产观念

中世纪的财富观念不是一成不变的，其面对包括财富在内的各种现实问题时，呈现出互相矛盾的特点：一边宣称安贫乐道，一边又大肆聚敛财富。在中世纪，财富的共同使用完全不同于财富公有。在中世纪早期，阿奎那在财富绝对私有和谴责私有财产两种呼声中，选择了论证私有财产的合理性。私有财产存在的理由在于，它是使公共利益获得物质财富的最好方法，财产所有者对其财富有绝对权利，但这种权利主要建立在正确使用这些财富使社会受益的基础上。①而在中世纪后期，财产不仅意味着社会价值，还承载着美德，它与勤劳、节俭、诚实等褒义词相关联。

可以说，在中世纪，对财产的赤裸裸的追求极大地促进了交通运输方式的改变、世界地理版图的更新、各大洲之间的物种传播和商业文明传递，并构建了早期的城市文明。对海外探险行为的国家支持成为中世纪之后西方国家迅速勃兴的物质动力和观念基础。欧洲商人的地位和权力显著上升，进一步刺激了新的君主国的产生。对财产的占有和保护使西方国家对海外殖民地的掠夺在很大程度上来源于君主与新兴商人阶层的结合。作为回报，君主向商人们提供制度保护，废除杂乱的管理模式、彼此冲突的关税和法律制度，统一货币等。

---

① 巫宝三. 欧洲中世纪经济思想资料选辑 [M]. 北京：商务印书馆，1998：336-340.

（3）新兴西方世界的财产功能

随着全球同一性序幕拉开，全球性政治关系、经济关系和文化关系构建了全新的全球性视野。工业革命使得欧洲的政治、经济、文化优势得到巩固，促使两次世界大战的发生，同样也促进了第二次工业革命的发生。在此过程中，财富发挥了重要的衡平功能，诞生了基于公平的自然权利。温斯坦莱认为，掘地派开垦荒地、公地没有侵犯私人财产，因为按照自然法，土地就是为所有人使用的，而现在却被少数人霸占，穷人有权获得一份可以自食其力的土地。[①]

4.1.2 中国传统土地财产观念：所有与利用的动态转换

土地是一切生存和存在的根源。土地是一个大实验场，也是一个武库；既提供劳动资料，又提供劳动材料，还提供共同体居住的地方，即共同体的基础。[②]土地作为稀缺的自然资源和生产资料，是人类赖以存在的基本生活载体，也折射出人类社会变迁的内在规律。任何国家都对土地持严格管控态度，并以此建立起与所有制、经济关系相适应的土地法律制度，随着社会制度的发展变化而不断调整。

土地制度经历了从原始氏族公有制逐渐转变到个体私有制或者王权所有制的过程。但是，从中西方的演进差异来看，不同时代的文明以及与其相对应的物质基础，对土地制度变迁产生了重要影

---

① 刘军. 西方财产观念的发展 [J]. 文史哲，2007（6）：73.
② 马克思，恩格斯.马克思恩格斯选集：第2卷 [M]. 中共中央马克思恩格斯列宁斯大林著作编译局. 译.北京：人民出版社，2012：726.

响。中国作为唯一的数千年文化未被中断的文明古国，在中世纪之前较为领先的劳动生产率和生产工具以及自汉代起构建的以科举制为核心的社会管理制度，使得中国社会稳定而缓慢地发展。土地制度也逐渐从家族所有制发展到宗族所有制，其主要表现为宗族国家所有制。每个个体对土地都有占有、使用和收益的权利，同时要承担税负甚至兵役义务，但是并无随意处分土地的权利。这一点与西方国家古代土地法律制度存在重要区别。在西方国家古代社会，不同的社会发展路径、社会结构和模式使得其土地制度从父权、家族社会所有制直接发展为个体所有制。在中世纪后的启蒙时代，更是赋予土地财产对抗专制的政治意义。

从土地用途来区分，上述规律还存在些许区别。在土地从原始公有状态向私有制转化的过程中，参与流动的主要是耕作用土地。耕地作为部落拥有的资源，起初是分配给氏族而后又分配给家庭作为下一级利用主体，最终演变为个人使用；而非耕作土地则较少发生这种变化。在耕地向私有制转化的过程中，非耕作土地名义上仍然为国家所有或者社会成员所公有，对这种公有财产的侵犯在历史上引起过多次比较激烈的争议。①非耕作土地的个体化或者私有化也是一个值得研究的问题。

中国传统社会并不具备近代以来的权利概念及体系，以家国同构状态形成的"使天下之人不敢自私，不敢自利，以我之大私为天下之大公"则使得所有权观念在中国始终呈现出不同的权利内涵。②皇权之下的土地权利变动频繁及不稳定状态，使得人们对土地的所有观念始终是居于次级的。在动态的要素分化组合过程中，

---

① 江平. 中国土地立法研究［M］. 北京：中国政法大学出版社，1999：5-83.
② 邓建鹏. 财产权利的贫困［M］. 北京：法律出版社，2006：78.

私人对土地的占有、使用、收益以及相应的负担成为超越所有权的观念。在皇权无处不在的社会，公私权利之间缺乏明确的界限。从法制史的角度来看，在我国固有的法律文化中，人们向来以义务作为主体。土地法律制度的变化所蕴含的财产权观念有助于我们思考中国土地制度形成的背后动因，评价其形成路径和优点、弊端，为集体土地制度改革和制度优化提供参考。

（1）中国土地财产的基本权利观

①土地所有权的实现路径

以"占有-确认-保护"为逻辑的现状被动承认，还是以"确认-保护-占有"为逻辑的制度安排，这成为中西方在财产权观念上差别的体现。在西方，自罗马法财产私有观念诞生之时起，至《自由宪章》《人权宣言》《独立宣言》等对财产权的再度确认，财产权被认为是政治的本质，是政治哲学的基础。在罗马，是否拥有独立的财产就成为市民脱离家庭跨入政治社会、有机会进入元老院的基础。财产意味着自由、独立不受侵犯，是保证一个人不对他人产生依赖的物质载体。财产权是根本性的概念，隐藏在法律术语、经济制度和社会安排中。

当西方社会先后经历罗马文明、文化复兴、大航海、大工业等历史进程时，当世界的重心从中东逐渐转移到欧洲的大幕拉开之时，封闭的中国仍然基于帝国强大的制度惯性和文化传承而保持着稳定又逐渐落后的社会观念。①农业社会的经济结构使得政府在重农抑商的过程中，从来没有以维护个体意义上的财产权利为出发点。土地的赋税功能使得土地制度的变化主要反映不同朝代的税收

---

① 斯塔夫里阿诺斯. 全球通史：从史前史到21世纪，[M]. 吴象婴，梁赤民，董书慧，译. 北京：北京大学出版社，2006：167-168.

需求，而不是法律意义上的所有权的排他性保护。这也就意味着，土地在生物学的意义上保障人的生存，在经济学的意义上保障经济秩序的存续，在社会学的意义上能够减少流民等社会不稳定因素的出现，在宗教的意义上体现统治者对待宗教的态度。而法律只是这一系列出发点的背书和注脚，并没有基于所有权的保护而产生法律制度安排。

中西方的历史差异揭示出所有权安排与所有制产生的不同规律。私有制并不是社会阶段发展的必然产物，而是受诸多因素的影响。社会基本构造，主导产业，文化差异，公、私观念的建立，甚至地理位置、人口结构和战争等都会对私的观念的产生、发展和保护造成影响。缺乏以"私人所有"作为核心的个人权利保护和意思自治，私人的财产就难以得到重视，稳定的私有财产法律关系就难以建立起来。因此，传统中国在私人所有权保护方面普遍是不完整、不稳定的，在公私利益的偏重上存在"重公轻私"的观念，在经济结构上存在重农抑商的现实考量，在对待世界的态度上就是皇威远扬而故步自封。这些都影响了财产权观念的核心——私的利益的构建。因此，在传统中国法律文化中，并没有在普遍意义上产生具有独立意思表示的个体土地权利主体，这也使得以占有、使用、收益和处分为核心的土地财产私有观念失去了依附的基础。

②土地权利观念的实践判断

从上述史料及学者们的分析来看，主流观点认为，中国历史上的土地法律关系，尤其是所有权法律关系，是以大地主所有制为核心的土地私有制。随着朝代更替和经济社会发展，会伴生一些具有时代特征、民族特征的土地制度，但是，从总体来看，自商鞅废除了井田制开始，土地私有、土地买卖与土地兼并成为土地私有制的推进器和佐证，也构成了国家统一税收制度的基础。

中国封建社会大多以皇族作为土地所有者实施土地垄断。"溥天之下，莫非王土；率土之滨，莫非王臣；大夫不均，我从事独贤。"[①]虽然民众对土地的占有和利用是不争的事实，例如基于特权而获得的土地、八旗子弟跑马圈地等，但这些均指非法律观念的事实，即非基于法律的所有权观念而进行意思表示的结果。换言之，对土地的占有作为外在表征，可能是基于皇族所有而占有，也可能是基于私有利益而占有，并不能通过对土地的占有以及流转直接推断出土地私有制的法律构造。能否脱离相关事实而抽象或者还原出权原的本质，国家是在积极追求土地私有的制度建设还是只是在事后消极确认，这是判断数千年来中国土地制度所有制形态的重要标准。

（2）土地权利观的生成与修正

从上述分析来看，对中国历史上土地权利观念的争论或许存在针锋相对的两种不同观点，但是从土地利用的表现形式来看，又出奇地一致。土地在公共产品提供、社会政策目的实现以及赋税等方面发挥着重要作用。此外，土地也承担着维护社会稳定、巩固王朝统治的功能，成为一国重要的基础经济制度和政治制度。

整体来看，"王天下"的传统观念与源于罗马法的私人所有权观念并不相同。历朝历代的土地制度变迁反映了权利的分化组合，这种不稳定的权利状态并未及时向稳定的私有制转化，而是不断地在虚实之间游离，其依附于统治者面临的经济和社会压力。统治者

---

① 袁愈嫈. 诗经全译 [M]. 贵阳：贵州人民出版社，1981：297.

无暇顾及之时，就化虚为实，权利最大化；统治者一统天下时，则化实为虚，功能最大化。在长达数千年的历史中，以统一为主要特征的中国逐渐构建起以功能替代权利、以义务为本质的财产法观念。在权利最大化与功能最大化之间，横亘着的是家国同构的特质，这是中西方法律文化的根本差异。

如此便不难理解，为何对于中国传统土地权利来说，始终难以摆脱政府的渗透和干预。在传统中国国家秩序中，民众所普遍接受的是义务本位，缺乏权利保障观念。对于民众的观念而言，土地的利用从来都是与政府之间的博弈，而非政府对权利的确认结果。土地的私人利用、个体占有从来没有改变土地实质上归国家所有，国家是土地的终极所有者的观念。在国家所有的前提下，在强烈的现世主义理念影响下，能够最大限度地实现土地上的经济价值成为首要目标，对土地所有的观念则成为可有可无的存在。

从已有的事例和叙事脉络中可以看出，传统中国的土地权利基本上是以土地上的经济价值为基础构建的，土地流转的价格亦是依照土地产出确定的使用价值来定义，并没有包括土地所有权的对价。个体对土地所有的观念、土地的流转价格、土地的社会功能等都建立在类似于对他人所有的物的期盼之上。个人的意思表示受到上述因素的影响，严重削弱了土地流转对价，也沿袭下来成为中国文化的组成部分之一。国家以所有者身份行使赋税收取权，履行公共产品提供义务，维护社会稳定；私人之间的土地经营与流转、兼并在历史上具有较为稳定的表现形式和自由度，但不能凭借私人之间交易的契约佐证传统中国存在权利本位的社会历史条件。

民事法律是权利法，这是一个统一的具有内生逻辑的法律体系。对该法律体系中的民事权利的理解应具有体系性和整体性视角，而不能将其简单地套用在传统中国土地权利状态上。将古代史料填充于现代法律体系之中，以刻舟求剑的方式将现代权利理念移植于中国传统法律，不利于理解民众对待土地的具有历史感的复杂态度，也不利于解释纷繁复杂的土地制度转换过程中的深层次原因，更不利于构建集体土地制度改革的基础理论。

4.2 集体土地功能的二元框架分析

4.2.1 宏观视角下集体土地社会功能的指向

（1）社会治理功能

集体土地的功能特性源于公法领域的政治性安排，制度的强制性变迁构建了复杂的土地功能，这并非传统民法中意思自治基础上的自发形成。作为社会治理的潜在政治单元，集体通过对土地的权利与义务配置，实现了政治性目的。在支配权上，体现了国家的公权与私权的平行关系，这是集体公有制在法律层面制度化的结果。集体土地成为国家管理农村经济和社会的手段，农户之间的合作关系与权利义务则成为受控制的私人合约。这种合约虽然容易受到侵犯且非正式存在，但具有熟人社会的约束力。地权的分配不仅是一种经济方式，更是氏族成员身份、乡村荣耀以及财富的象征，"土地总是独具声望和影响力，不能以纯粹的经济观点解释，土地就是权力，而权力就是土地和地主所拥有的地位"。①

政治性的渐退伴随着私权观念的兴起，在社会经济重心从农业转向工业、从农村转向城市的过程中实现。集体本身被逐渐消耗、瓦解，权利意识填补了熟人社会破裂后的乡村。集体正从行政单元转为法律细胞，村民自治的分裂、城乡二元化的交流都使得一切政治性安排发生了改变，内生的权利需求使得村社共同体成员在自愿的基础上追求利益的实现。个体利益的追求超越了集体的公法功能，集体对资源的控制和安排逐渐让位于各种承包合同权利的实体化和法律化构建。

（2）生存保障功能

集体土地权利的预设前提是内部成员身份的固定化以及提供的生存保障。氏族土地作为集体性和社会性财产，关系到内部成员的存续需求和生存保障。尤其是在以农业为生存之道的农业社会，土地发挥着支配作用。农民对土地的依赖强化了成员的身份属性。与身份属性相对应的，是集体土地所有权为成员所有，平均分配、无偿获得。每一个符合条件的成员，都可以要求平等获得土地，平等获得土地的收益。这是生存保障工具的重要功能和价值判断。这种身份属性在集体"三块地"中表现得尤为明显。宅基地的无期限性和无偿性、土地承包经营权的家庭承包经营等都呈现出鲜明的保障色彩。土地善治体系的科学化构建必须尊重土地资源所承载的基本属性，遵循土地利用时的价值准则和首要的政策目标。②但是，随着《民法典》的通过、《中华人民共和国农村土地承包法》（以下简称《农村土地承包法》）等法律的修改、户籍制度的改革，身份关

---

① 邓大才. 土地政治：两种观点与两种视角 [J]. 社会科学，2012（6）：82.
② 甘藏春，朱道林. 论土地善治 [J]. 中国土地科学，2020（1）：7.

系逐渐让位于财产关系，社员权逐渐让位于财产权。从身份到契约的转变直接导致生存保障功能式微，也导致社员身份的逐渐剥离。

（3）财产权利的宣示

乡村共同体的隐藏文本揭示了集体化后期基层村庄的行动能力仍然是权宜而分散的，在很大程度上仍然仰仗外部局势的变化。随着个人主义的兴起和法学家对所有权主观权利的改造，法技术层面的私权内涵从集体所有权下呈现附属地位的个人权利逐渐过渡到以私人所有为主的土地利用。人们对待土地的态度从重所有、强保障转向重利用，强流转。集体土地所有权将越来越向着完全的财产权利演化，私法上的财产功能将日益显著地成为主要关注点。

财产权的基本功能是保证个体在生存范围内的最大自由空间，这是经济生活的基础，也是财产权最基础的规范对象。在前工业化时期，农业社会的基础生产资料以土地为主，土地是人们维系生存的基础。农产品统购统销、包产到户、集体调配等极具中国特色的制度构建都以土地的生存保障功能为前提。彼时，对于农民而言，晦涩得无法直接识别内容的土地所有权远不如生存更实在。但是，随着经济模式的转型和工业化推进，个体逐渐认识到，个人的发展要依赖所有权。尊重对财富的进取心是社会进步的重要推动力，没有足够的私人财产就无法获得相应的社会地位，也无法实现个人的价值。因此，发挥土地的私权功能，正是对个体保护的正当和合理要求。

从表现形式上看，集体土地制度改革是法律制度的改革，这涉及对集体土地权利的私权性质的深入探讨和对财产权利本质这一基础民法理论问题的探讨。财产是权利的载体和目的，对财产的保护是财产权利的根本功能。作为重要的乡村自治工具和道德基础，集体土地的财产功能理应顺应时代的需求而梳解出新的逻辑。土地的宏观功能决定了我们对待集体土地的态度，经济社会的变化影响了集体土地权利的类型和内容。集体土地法律制度正处在权利类型的丰富与权利内容的限制转换的历史性阶段，把握好这个阶段，把握好财产权利变迁的历史规律，把握好中国国情，才能准确地把握集体土地制度的改革方向。

4.2.2　微观视角下集体土地社会功能的秩序实现

黄宗羲定律①建立在农业社会的基本经济结构和政治结构之上。政府在对外抵御外来入侵、防止颠覆的过程中，对内以捐税作为主要的经济活动收入。经济管理的循环通常是从初创朝代的安宁与繁荣起始，收入增多，国库充实。但是，伴随着人力和财力分散到公共基础设施、军事国防、奢侈消费、边疆战争等领域，为了弥补亏空，增加的赋税成为自耕农的沉重负担。自耕农被迫将小块土地出让给地主，自己则失去了人格上的独立性。与此同时，地主凭借与财产相当的影响力，逃避纳税义务。就这样，土地成为国家税收的来源、自耕农的沉重负担和地主的乡村地位体现。

地主阶层或者说乡村贵族对熟人社会的统治，是中国社会稳定的原因之一。基于上述原因和土地的稀缺性，以农业为基础的乡村贵族能够控制土地的租金、利率和大量的稳定而长期的劳动力。拥有土地是成为乡村贵族的先决条件。同时，农业商品化也意味着物化的地租成为负债。小的土地拥有者有向贵族支付地租的义务，该

---

① 秦晖. "黄宗羲定律"与税费改革的体制化基础：历史的经验与现实的选择 [J]. 税务研究，2003（7）：2-4.

地租以农作物给付的方式实现，年景不好时只好大家一起渡过难关。但是，市场与货币经济一旦结合在一起，农民对贵族的义务就从实物转变为货币。虽然义务数量未发生改变，但成为了不因气候和收成而要固定承担的负债。这种议价空间的萎缩也导致了政治上的变革。土地之于乡村而言，往往还具有人格塑造、教育提升、文化传承的功能。换言之，在传统中国，主体更强调对土地的使用权和收益权。在认清人们对所有权观念淡化的现实之后，也要分析土地微观功能表现的具体形式。

（1）公共产品的供给替代

在公共产品提供方面，历代王朝高度依赖土地。中华文明的特点是聚合和连续，几千年中华文明的同一性恰恰折射出不同时期惊人的政治上的统一。对现世的强烈偏好成为巩固政治组织和稳定社会的坚实基础，而稳定的政治也为中国创造和保留规模浩大的宏伟工程提供了条件。一些常规社会职能的提供，如水利、基础教育等也往往是由地方政府及民众解决的。以清朝为例，主干河流上的水利设施由朝廷给予经费支持，而支流、水库、农业灌溉设施等经费则要由当地官员自筹；同样，政府也不负担"社学""义学"等基础教育的经费支出，主政官员不得不在完成公共产品供给和民众负担之间进行妥协、平衡，通过捐款、土绅筹集资金和收取额外税费等方式履行社会治理义务。①这都足以表明，在传统中国法文化中，政府对公共产品的提供极大程度上依赖土地。

（2）赋税的重要组成部分

对土地的占有和收益是私权利，而公共产品的提供则是公权

---

① 江平. 中国土地立法研究 [M]. 北京：中国政法大学出版社，1999：73-81.

力。搭建起私与公之间的桥梁或者枢纽的就是税收。从土地制度沿革来看，无论是哪一种制度改革，都是统治者通过将土地划分给农民耕种以满足粮食需求，获取赋税。稳定的税收来源是国家安全的保障，确认、保护民众之间的利益以换取税收是国家的基本功能。公共产品与赋税之间往往是负相关的，公共产品缺失的时代往往是赋税比较苛重的时代。统治者凭借独占土地的支配权，在农业社会背景下，使土地赋税成为财政收入的直接和确定来源，并可以按照自己的意愿使其最大化。

当统治者以自身利益为出发点，将土地作为政策变量而非稳定制度时，通过随意改变与私人间的利益关系来实现最大化税收利益，这种巨大的扭曲会破坏社会结构稳定的基础。统治者主导的土地制度在形式上轮回转换，经历着公有、私有、公有的演变过程。整个过程没有起点，也没有终点。土地在高度动态变化的过程中，不断地在国家与私人之间分化组合，其中最主要的逻辑就是税收。

（3）家庭功能实现的辅助手段

土地发挥着人口控制作用。家庭成员的数量受制于土地的面积和土地的产出。有限的土地要在成年子女之间分家析产，意味着越多的子女和越贫穷的生活。正因为如此，一些有着庞大家业的家庭会有更多的子女，并以此为傲，成为别人眼中富裕的象征。土地是财产传递过程中的重要载体。结婚的时候，新娘拥有属于自己的土地和房间，但同时失去了使用自己娘家土地的权利；长子成婚后，要求分家，便将土地分成不一定等量的份额，分别归属于父母、长子和其他子女；土地的大小根据生活费用、抚养子女的压力和身份而定。[①]

在拥有财产的群体中，家是一个基本群体，它是生产和消费的基本社会单位，因此它便成为群体所有权的基础。土地决定着权威，处理土地的权利掌握在家长手中，家长决定出售、出租等事宜。除了亲属关系的联结，另一个基本的社会纽带就是地域性。户作为有效的劳动单位，把人们联合在一起，形成较大的地域群体，通过协同行动来更好地利用土地，加工生产，防范自然灾害等。邻里之间通过日常接触和互相帮助，实现了紧密的联合。

土地具有社会保障功能。作为我国大多数农民赖以生存的主要生产资料，土地在社会保障体系不完善的情况下，发挥着重要的保障替代作用。尤其需要强调的是，社会保障不仅在维护公平方面具有重要意义，对效率提升也发挥着正面作用。社会保障的一个基本功能是在发生突发性事件（如疫情、战争）时，避免社会生产力遭到毁灭性打击。土地的失业保险功能是非常重要但容易被忽视的。农村中大量的隐蔽性失业一直存在，但并没有造成大的社会动荡，是因为土地对失业人口的吸纳发挥了重要的作用。但是，土地的保障功能会随着农民收入水平的提高而逐渐减退。由于收入的提高，人们以货币收入抵御风险的能力也随之提高，不再需要以土地作为生存的保险来源。

（4）金融手段的载体

土地承载着经济价值与非经济价值。基于感情和道德上对于出卖土地的否定性反应，人们往往通过抵押的方式来实现短期内的资

---

① 费孝通. 江村经济 [M]. 北京：商务印书馆，2012：154-162.

金融通。在存在田底和田面两种权利的情况下①，田面的佃户在连续两年不支付佃租的情况下，就可以被退佃。同样道理，田底的所有权人发生变化，也不会影响田面的佃户耕种。城镇和村庄之间基于借贷而产生的金融联系，使得土地作为唯一的载体，促进了金融关系的发展。田底所有权成为一种对佃农收取地租的权利，这种权利成为资本市场上可以自由交易的财产，就像债券和股票一样。至此，土地成为农民最初接触的金融产品的客体，也培养了农民的金融意识，同时还成为城镇资本觊觎的对象。站在资本的角度来看，土地的价值与佃户的交租能力呈正比关系。土地的价格随着可供投资的土地资本量和收租的可靠性而波动。

4.3　土地功能转向的中国视角：城乡中国进程中的财产功能生成

国家的本质是履行政治统一和社会管理的基本职能，国家权力向基层延伸并为基层社会重新制定规则的过程就是基层治理。②乡村治理则是一个更复杂的问题，它在国家治理的范围之内，却又有着独特的性格和方式。结构性变化正悄然发生在中国乡村的治理运行逻辑中，传统的乡村治理开始向现代化的治理形态转变。③农村社会治理仍然有诸多问题，从表象上来看是资源分配、经济结构问

---

① 费孝通. 江村经济 [M]. 北京：商务印书馆，2012：156-157.
② 黄冬娅. 多管齐下的治理策略：国家建设与基层治理变迁的历史图景 [J]. 公共行政评论，2010（4）：112.
③ 肖唐镖. 近十年我国乡村治理的观察与反思 [J]. 华中师范大学学报（人文社会科学版），2014（11）：7.

题或者组织自治问题，但是问题的本源来自社会基本权利结构中农民权利的缺失。①

乡村治理本质上就是国家意志向村落社会扩张并形成规范的过程。无论是从政治稳定、赋税收入还是村民互助来看，乡村始终被作为政权稳定的重要基础。土地是乡村重要的财产。乡村治理中的公共产品供给、社会治安维护、教育文化传承、宗族关系维护、经济协调发展和公共服务等，都在较大程度上离不开土地作为标准、客体和来源。因此，国家对乡村治理整体能力的提升从根本上改变了土地的功能，决定了土地制度的演变方向。土地功能在乡村的中国式演进影响了土地制度的未来发展，也反作用于权利的构成。在对土地功能进行梳理的过程中，本书得出如下结论：集体土地的功能随着国家治理能力的强弱变化而改变；总体来看，乡村治理的土地功能体现在经济发展、公共产品提供、税收、群体协同等方面；不同的社会发展阶段所采用的不同的治理方式，导致了不同的乡村治理结构的出现，因此，中国的农村土地法律制度应当充分考虑农地的社会功能。②

4.3.1 乡村自治阶段的土地权利面向

传统中国长期处于农业社会，与西欧国家不同，中国的社会经济资源总量因为没有经过工业化而发展缓慢，高水平的组织化社会的形成也因此而受到阻滞，导致国家政权对基层社会管理的社会基

---

① 刘同君. 新型城镇化进程中农村社会治理的法治转型——以农民权利为视角 [J]. 法学，2013（9）：46.

② 陈柏峰. 农地的社会功能及其法律制度选择 [J]. 法治与社会发展，2010（2）：143.

础较为薄弱。①明清时期我国出现过短暂的自由资本主义趋势，但是随后又因闭关锁国而回归传统农业社会。没有工业化形成的统一市场体系，也没有高水平的组织化社会，乡村治理的社会基础比较薄弱。

传统社会分散的乡村治理与政府的控制能力和控制成本密切相关。在国家财源基础比较薄弱的情况下，一方面要力求实现赋税的广泛覆盖，另一方面要提供公共产品，实现乡村治理稳定；由于彼时，国家尚无能力建立起庞大的税收征管管理体系，只能将正式机构设置在县一级，即所谓的"皇权不下县"。②乡村治理就这样从国家治理转变为乡村自治。

在极具分散性、流动性，组织化水平很低的乡村社会，自治的最好方式就是借助里甲等乡里组织这种非正规、地方性组织的力量，依靠其完成征税、兴修水利、督导生产、解决纷争等社会治理目标。土地成为最好的弥补公共服务不足和控制社会秩序的选择。农业赋税的主体来自土地，乡民利益的调剂以土地为手段，产业发展离不开土地，基础水利设施建设亦离不开土地。基于土地财产形成了公共权威，其在调解纷争、维持社会秩序等方面具有不可替代的作用。国家与乡村社会的衔接主要依赖土地，在社会秩序维护、乡村教育、赋税征缴等方面，土地发挥着积极作用，土地作为载体实现了国家对乡村社会的治理目标和成本的可控。具有地域性政治组织性质的乡里组织、具有血缘性的宗族组织、具有地方性自治组织性质的乡绅共同形成了"权力的制度网络"

---

① 彭勃. 乡村治理：国家介入与体制选择 [M]. 北京：中国社会出版社，2002：51.
② 尤琳，陈世伟. 国家治理能力视角下中国乡村治理结构的历史变迁 [J]. 社会主义研究，2014（6）：113.

和"权力的文化网络",并促进了国家对乡村社会的治理和整合目标的实现。[1]

4.3.2　土地公共职能的瓦解

清末"新政"的重要目的之一就是"国家权力企图进一步深入乡村社会"。[2]农民除了传统的赋税要缴纳（如田赋和田赋附加）之外，还要以村为单位上缴各种摊款（如村捐、亩捐），这已成为乡民身上难以承受的负担，本已捉襟见肘的土地已经无力再担负公共管理的职能了。原本具有声望的乡绅逐渐退出乡村社会舞台，土豪劣绅将乡村公职作为谋取私利的手段。在日渐衰落的乡土中，土豪劣绅在经济上最大限度地谋取土地利益，在政治上压迫乡民，同时又不再负担乡民教育、公共秩序管理、社区福利等管理职能。

统治者在加大力度攫取乡村财富的过程中，严重依赖土豪劣绅提供的土地财政收入，只能放任已经建立的乡村社会治理机构日益松散和公共职能日益涣散。因此，乡村的无政府状态与国家财政收入的增加同步而生。国家对乡村的利益攫取是建立在无形中削弱政府治理能力、放弃公共产品提供的基础上的，以放弃长期的控制能力而重视短期的财政收入为短视目的。"国家财政收入的增加与地方的无政府状态是同时发生的，换句话说，国家对乡村社会的控制能力低于其对乡村社会的榨取能力，国家政权的现代化在中国只是

---

① 尤琳，陈世伟. 国家治理能力视角下中国乡村治理结构的历史变迁 [J]. 社会主义研究，2014（6）：113.
② 杜赞奇. 文化权力与国家：1900—1942 年的华北农村 [M]. 南京：江苏人民出版社，1994：1.

部分地得到实现。"①就这样，土豪劣绅进入乡村治理和公共领域，破坏了传统的乡村治理秩序，瓦解了国家的乡村统治基础，强化了乡民的离心力，土地的公共职能走向式微。

4.3.3 保障功能的确立

新中国成立后，土地革命在政治上彻底改变了乡村土豪劣绅的治理根基，通过下派工作队、建立乡一级行政机构等方式，国家权力迅速向农村覆盖。在经济上，从1952年开始的合作社运动先后通过互助组、初级合作社、高级合作社、人民公社等方式，逐步走向社会主义集体化的制度设定，从整体上对乡村社会组织、观念进行全面改造。国家在土地改革中消灭了连接国家与乡村社会的地方自治力量，并对乡村社会组织、设施、象征、符号、观念等进行了全面而彻底的改造，在现有的文化网络以外，建构新的政权体系与意识形态系统。②集体形式取代了乡村自治力量，原有的信仰、仪式等被取缔，土地制度也从完全私有转变为集体所有，在传统中国的土地私有-农民负担之间，搭建起集体主体制度。分散的乡土社会被高度整合，从而为土地功能的分解提供了全新的土壤。

集体组织的建立为乡村治理能力的提升提供了组织条件。在人民公社的公有制基础上，集体生产模式空前增强了集体的农业生产能力，也大力发展了公社范围内的农田水利设施，完成了国家的粮食和农产品征购、派购任务。但是，很明显，农业合作化的进程就

---

① 杜赞奇. 文化权力与国家：1900—1942年的华北农村 [M]. 南京：江苏人民出版社，1994：66.
② 费正清，麦克法夸尔. 剑桥中华人民共和国史（1949—1965）[M]. 王建朗，译. 上海：上海人民出版社，1991：43.

是一个农民土地权利排他性逐渐降低的过程，创新组织管理体制的人民公社以主体身份承担起原本由分散农民间接承担的社会管理职能，完全的土地公有制也在"人民的事业人民办"的指导方针下，在社会福利、社会保险提供和公共基础设施兴建等农村公共服务供给中，绝大部分通过农村基层政权组织领导农民筹资酬劳完成。[1]

在这样一个特定的历史时期和制度设定下，土地作为农民入社的主要财产，从分散的公共产品提供转型为土地公有、利益共享、公共管理集体负担的新型管理模式。在"一大二公"的语境下，乡村社会自治力量被消灭，土地作为重要财产，成为国家政权屏蔽地方自治的重要载体，发挥着保障功能。

4.3.4 保障功能的淡化与财产功能的强化

1962年，在中央"调整、巩固、充实、提高"八字方针指导下，人民公社逐渐退出历史舞台。从集体提供的公共产品全覆盖，到乡村撤离的权利真空，农村又一次进入自治阶段。农村基层的管理体系与国家治理能力之间互动关系发生了新的变化。这种变化以2006年农村税费改革为标志，分为两个完全不同的阶段，呈现出完全不同的特征。

在2006年之前，乡村治理形式上又返回到传统时期。在"农业支持工业"的发展目标下，乡镇政府的中心工作是向乡村社会汲取资源，并在社会管理上加强对乡村社会自治组织的行政化控制，将其更多地作为科层制组织来管理。变化的根源在于基层社会经济关

---

① 尤琳，陈世伟. 国家治理能力视角下中国乡村治理结构的历史变迁 [J]. 社会主义研究，2014（6）：115.

系的变化，或者说是经济基础的改变。随着经济利益关系的变革，建立在利益关联基础上的社会治理需要与之相适应。①在这一阶段，乡镇政府的中心任务是税收的全覆盖和公共产品提供的自我供给模式，通过对农村的潜能挖掘，最大限度地配合"农业支持工业"的国家战略。农民除了向国家缴纳农业税之外，还要负担乡村两级办学、计划生育、优抚、民兵训练、修建乡村道路等民办公助事业的款项，以及用于村一级维持或扩大再生产、兴办公益事业和日常管理开支的费用等。土地政策成为重要的经济建设角色，也成为非均衡力量之间的矛盾焦点。

在这一历史转折时期，土地从严格的集体所有转向个体承包、利用，发挥了参与经济建设的功能。通过土地的集中流转、乡镇村企业建设用地的供给、宅基地的分配等，实现了农民的社会保障和农业的产业化经营，也为集体经济组织在协调村民关系、建设基础设施、保持社会稳定、开展精神文明创建活动等方面发挥着稳定器作用；在客观上，也成为土地功能和负担最重的时期。

2006 年，伴随着《中华人民共和国农业税条例》的废止，中国历史上第一次全面免除了农业税费，这是农业社会向工业社会转变的重大标志性节点，也是中央对农村由汲取到反哺的重大转变。随着国家在农村全面建立养老保障体系、医疗保障体系、公共产品提供和城市化推动，政府对乡村社会的控制能力和公共服务能力显著增强。伴随着税费改革、免除农业税、粮食补贴、农机具补贴、社会保障体系构建、二元制户口结构转型等重大举措的推出，土地从财政收入的主要来源、社会保障的替代形式逐渐转型为单一的财产

---

① 吴晓燕. 农村土地产权制度变革与基层社会治理转型 [J]. 华中师范大学学报（人文社会科学版），2013（9）：11.

权利。农地入股、合作类经济协会等创新土地形式的出现，也为土地财产权利的兑现提供了制度上的可能性，激发了农民对土地财产权利的热情，实现了乡村社会的再整合。至此，在最近十几年，土地的功能从复合型权利转变为单一性权利，从公共产品的提供者变成公共福利的享受者，从身份的象征变成财产的象征，从政治参与的门槛演变为政治自由的享受者。从长期来看，要在共同利益的基础上形成农民的联合，把农民扶上合作之路，通过合作提升村庄社会关联，增强乡村社会的自主性。①从土地社会功能视角审视，在农业税被取消之前，土地上述功能的外在表征主要体现在因农民税负过重而导致的农民与国家之间的关系紧张上。自2006年取消农业税之后，土地上呈现的更多的是利益，引发的是农民与农民之间对土地利益的争夺。在这一转变过程中，农民土地权利意识的兴起是政策改变所带来的土地利益预期转变的结果。

但是也要看到，集体组织对农地制度的调整是把"双刃剑"。一方面，对农地频繁、非必要的调整会损害部分农户的利益，影响土地制度的稳定预期；另一方面，集体调整土地利用的能力与公共事务安排之间呈现正相关性，村民组利用机动地安排和机动地收益举办公共事业，在协调农田灌溉、农田管理、村组道路、环境以及人与人之间的关系方面比较容易。农业税被取消后，集体不能再收取生产费用，之前由集体组织负责提供的农田灌溉无以为继。为了解决灌溉难题，农民不得不在取消农业税后掀起自行投资修建农田水利设施的高潮。随着城市化和市场经济对熟人社会的冲击，农民流动不断加剧，使得传统的朴素正义观被打破，农户的行为逻辑已

---

① 马宝成. 取消农业税后乡村治理的路径选择 [J]. 公共行政研究，2007 (6): 59.

经不再受到传统集体力量和道德评价的约束，农民从集体中的一员逐渐异化为独立的个体。①这在很大程度上反映了集体公共产品提供缺失所带来的无奈，农民只好通过自救的方式利用私人投入维持农业生产，具有公共产品性质的廉价灌溉系统不再存在。中央、村庄与农民之间复杂的三方博弈，使得原本单纯的土地收益问题转化为农民土地权利问题。

总之，随着国家从政治控制到经济放权，乡村社会发生了历史性变迁。在这一变迁过程中，土地的功能越来越单一，土地上的权利限制越来越与时代相悖。对土地制度的改革应契合这一历史性变迁，符合土地功能的时代设定，塑造乡村社会自治模式。承载着赋税、治安、粮食安全、公共事业等功能的土地历经变化，土地上的社会管理功能已经逐渐被取代，财产功能凸显。这为我国集体土地财产权利类型完善提供了全新的视角。

4.4　集体土地财产权利的《民法典》确认

《民法典》基于新一轮土地制度改革的成果，重构了农村土地权利体系。②《民法典》既对集体土地的所有权、用益物权和担保物权的权利体系予以确认，又在具体物权类型中采纳了改革实践的总结经验，对权利类型和权利内容进行了创新。总体来看，民事私权体系呈现出财产权利占据主体的趋势。传统民法学关于财产权的

---

① 贺雪峰. 地权的逻辑 [M]. 北京：中国政法大学出版社，2010：106-115.
② 高圣平.《民法典》与农村土地权利体系：从归属到利用 [J]. 北京大学学报（哲学社会科学版），2020（11）：143.

研究是不足的：一方面，所关注的财产权类型仅限于物权法和知识产权法领域，忽略了其他法律领域隐藏的财产权类型；另一方面，对财产权的一般理论研究滞后，不仅物权法与知识产权法的研究相互隔阂太深，而且缺乏对超越物权法和知识产权法之上的财产权总论的研究。①而对财产权利构造要素分析的缺失，对新兴法益关注的不足，又使得财产权利体系因笼统地包容过多新兴权利而过于庞杂。伴随着混合型权利内涵的不断扩围，团体法背景下的成员参与权日益兴起，现有财产权利体系面临着不断冲击。集体土地改革的实践经验要求原本被忽视财产价值属性的集体土地创造出更大的经济价值。新的时代具有新兴权利划分的需求，这种权利可以被看作股东权等成员权在集体土地上的体现，理应在集体土地财产权利类型上予以明确和界定。

4.4.1　集体土地所有权的坚持与厘清

集体土地所有制是我国社会主义公有制的体现，是根本的政治制度和经济制度安排。从政治层面分析，集体土地所有权是我国土地社会主义公有制的重要制度安排；从实践层面分析，集体土地所有权是下一步推进集体产权制度改革的出发点，是实现土地承包经营权、宅基地使用权和集体建设用地使用权等相关制度改革的重要保障。②从权利体系分析，集体土地承包经营权、集体建设用地使用权和宅基地使用权等权利的上位权利是集体土地所有权。

---

① 王涌. 财产权谱系、财产权法定主义与民法典《财产法总则》[J]. 政法论坛，2016（1）：103.
② 高圣平.《民法典》与农村土地权利体系：从归属到利用 [J]. 北京大学学报（哲学社会科学版），2020（11）：143–144.

（1）集体与集体经济组织的厘清

"集体"在《民法典》物权编中主要是作为财产的所有者而出现的。现行立法中并未规定"集体"的民事主体法律地位，集体的内涵并没有被明确界定，农村集体经济组织在特别法人的主体制度安排下，具有民事权利能力和行为能力，是集体所有权的权利主体。[①]所有权人相关权利的行使是通过授权给集体成员的方式实现的。从立法技术来看，这在一定程度上避免了集体主体虚位的不足，明确赋予了集体成员行使权利以及获得救济的路径。但是，从法权逻辑来看，集体所有的彰显与集体成员行使权利之间存在割裂。集体成员不能以单独的民事主体身份行使权利，因而在集体成员的决议行为和承接决议行为后果的主体之间不存在唯一的指向性，或者说存在模糊性。

为了解决权利行使问题，《民法典》吸收了《物权法》及相关改革成果，对此予以明确。从体系解释上看，集体不等于集体经济组织，从《民法典》总则编确立的民事主体分类角度审视，集体经济组织被界定为特别法人，有着明确的法律地位，集体经济组织法人是农民集体作为民事主体在法律上的表现形式。[②]考虑到部分地区尚存在集体经济组织未设立的情况，村民委员会被授权可以代行农村集体经济组织的所有权权能，村民小组可以代为行使上述职能。

上述概念的厘清，明确了本书论述的指向，即在对集体土地财产权利进行研究的过程中，并不以集体所有的所有权表征作为研究

---

① 陈小君. 我国农村集体经济有效实现的法律制度研究——理论奠基与制度构建[M]. 北京：法律出版社，2016：216.
② 李适时. 中华人民共和国民法总则释义[M]. 北京：法律出版社，2017：311-312.

对象，而是以代行集体所有权的集体经济组织作为后续研究的范围框架。后文涉及的集体土地财产权利的体系塑造，亦以集体经济组织作为限定。

（2）集体社员与集体经济组织成员的厘清

在集体制度形成的过程中，在严格的户籍管制和集体生存保障的共同作用下，集体社员和集体经济组织成员高度重合。从合作社兴起到人民公社的范围回缩，集体经济组织的形成就是集体社员出资行为的结果。在土地用途管制、土地流转限制和严格的城乡区隔体制约束下，失去流动性的土地权利造就了简单的集体社员关系。彼时，集体社员与集体经济组织成员之间没有必要拟制出身份认定的标准。

伴随着城市化进程的加速、户籍制度的松动、城乡一体化的推进，以及集体土地制度改革的尝试，集体社员与集体经济组织成员之间出现了身份的偏离。原有的单一户籍认定的标准已经不再适应新时代集体经济组织成员的身份认定。集体经济组织逐渐与集体相互区隔，集体经济组织成员也在较大程度上偏离了集体社员的身份认定。集体经济组织在特别法人的路径上快速成熟，在团体法人的实践经验和逻辑指引下，集体经济组织成员的认定必然会因循团体法的构造，呈现出不断扩大和开放性探索的趋势。一方面，通过强调对自治意志的尊重，树立明确的进退规则，赋予非集体社员加入集体经济组织的资格，城乡居民、工商资本、企业法人等都可以通过出资的方式加入集体经济组织；另一方面，通过完善集体经济组织成员的参与权，保护成员的知情权、查阅权、重大事项表决权等重要权利。

需要明确的是，集体社员与集体经济组织成员之间的偏离并不意味着二者之间是排斥关系。恰恰相反，在实践中，二者之间呈现混合的趋势。集体经济组织中包含了集体社员和新加入的成员。需要说明的是，认定集体社员和集体经济组织成员的标准不是本书的论述重心，而区分集体社员和集体经济组织成员所享有的不同权利则是本书后续论述的重要理论支点。正是在对集体社员和集体经济组织成员进行区分的前提下，本书才能逐一分析不同身份对权利构造的影响。

对集体土地所有制的坚持是《民法典》的时代特征。集体经济组织代替集体行使权利，是集体土地所有权的实现路径。从权利的成员构成来看，集体社员与集体经济组织成员之间的偏离将长期存在，并日益明显。《民法典》对集体土地所有权的态度既呈现出对现有法律体系和长期改革实践经验的传承，也为进一步研究集体土地财产权利构建了统一的理论基础，指出了明确的研究方向。

4.4.2　集体土地利用制度的体系安排

（1）农用地"三权分置"的权利体系确认

农用地"三权分置"改革的实践经验总结是构建中国特色社会主义法律体系，尤其是民事权利体系的重要支点。对于"三权分置"改革实践中最重要的土地承包权和经营权的性质及权利安排，《民法典》颁布之前存在物权和债权两种不同的观点。《民法典》在回应理论争议时，坚持了稳妥原则。在保持现有用益物权权利体系稳定的前提下，将土地经营权作为土地承包经营权的权能表现，置于第三分编第十一章土地承包经营权项下。依照物权法定原则，构成我国用益物权制度的仍然只是土地承包经营权。对于学者们主张的承包权与经营权的物权化，《民法典》并未采纳，而是通过土地承包经营权同时调整承包权和经营权的利用关系，通过对权利功能的确认替代权利的本位。此种立法技术处理有利于最大限度地保持法典的稳定性和对现有法律体系的继承，但是对土地经营权性质认定的模糊亦给集体土地财产权利的完善留有较大的解释空间。依照《农村土地承包法》的规定，取得土地承包经营权需要具备相关要件：首先，具有本集体经济组织成员资格（社员属性）；其次，应与发包方签订了承包合同，获得了承包地的使用权（财产属性）。[①]这就为进一步区分集体土地财产权利提供了借鉴思路。

（2）集体建设用地的权利体系拓展

《民法典》对集体建设用地的制度安排较为模糊，将其置于建设用地使用权一章。[②]如此安排也引起了学者们的关注。有学者提出，《民法典》如此安排是体现了集体土地用作建设用地适用《土地管理法》等法律的规定，并没有规定集体建设用地使用权。[③]从权利体系的视角审视，《民法典》实际上已经将集体建设用地使用权视为亚种类物权，将其列于建设用地使用权项下，而并非否认其物权性质。对出让及最高年限、转让、互换、出资、赠与、抵押等相关规定，按照《土地管理法》的规定施行即可。在符合规划和用途管制的前提下，应由集体成员决定。

宅基地使用权是较具有中国特色的土地用益物权设计。宅基地使用权具有明显的保障功能，是对特定身份主体的保障替代，因

---

① 刘振伟. 巩固和完善农村基本经营制度 [J]. 农村工作通讯，2019（1）：20-24.
② 《民法典》第三百六十一条规定，集体所有的土地作为建设用地的，应当依照土地管理的法律规定办理。
③ 韩松. 论农村集体经营性建设用地使用权 [J]. 苏州大学学报（哲学社会科学版），2014（3）：70-75.

此，其权利的取得、转让和继承等均以主体具有本集体经济组织成员身份为前提。①《中共中央、国务院关于实施乡村振兴战略的意见》中提出，进一步推进宅基地使用权"三权分置"改革。但是，考虑到理论和实践中对宅基地的所有权、资格权，以及使用权的权利性质和边界尚未形成共识，《民法典》中并未对宅基地使用权进行创新规定。可以明确的是，宅基地使用权的产权结构相较土地承包经营权更为复杂，"三权分置"相比"两权分离"而言，权利安排和制度设计的难度更高，但可以在某种程度上彰显宅基地使用权的财产属性。②《民法典》就集体建设用地使用权作出授权性立法处理，实质上是为同地同权的城乡统一建设用地市场的建立和集体经营性建设用地入市后的土地增值收益分配制度建设留足了空间。③其后续改革推进，仍可参考农用地"三权分置"的法理基础进行制度安排。

4.4.3 现行集体土地财产权利安排的解释困境与修正

在现代社会，物权秩序的重心逐渐由"归属"走向"利用"。这是对人与资源的关系日益紧张、追求物的价值最大化呼声的回应。④《民法典》物权编主要的基础就是《物权法》，其创新和拓展甚为有限，学理与判例实务乃至司法解释的诸多有益成分也少有纳

---

① 陈小君，等. 田野、实证与法理——中国农村土地制度体系 [M]. 北京：北京大学出版社，2012：128.
② 高圣平. 宅基地制度改革政策的演进与走向 [J]. 中国人民大学学报，2019（1）：23-33.
③ 高圣平.《民法典》与农村土地权利体系：从归属到利用 [J]. 北京大学学报（哲学社会科学版），2020（11）：154.
④ 我妻荣. 新订物权法 [M]. 罗丽，译. 北京：中国法治出版社，2008：2.

入或吸取，远远落后于现今物权法学理与实务发展的状况与水平。①

权利类型化和体系化最大的好处是逻辑清晰，但是最大的弊端来自现实生活的挑战。在法律中，合同、人格、财产、继承等表述并不是单一的法律关系，它们是复杂、繁多的法律关系的集合。在建构新的财产权体系时，由于"债权与物权的区分并不能周延现实中的一切权利类型"，因此有必要在比较二者的过程中抽取出若干区分要素，并从这些区分要素出发，"以类型学方法重新构建"财产权类型体系。②

自工业化社会以来，对人类社会进步最大的制度是团体制度。在这种共同体里，单个的人作为所有者（比如说作为土地所有者）的客观存在就是前提，而且这是发生在一定的条件下的，这些条件把单个的人锁在这种共同体上，或者更确切地说，使之成为共同体锁链上的一环。③从法律视角审视，团体的典型表现形式是公司。公司是人合兼资合的拟制主体，股东资金的集聚是公司的重要功能，股东权利的实现和维护则是公司的应有之义。股东权利包含共益权和自益权。共益权是股东为了公司利益而行使的权利，通常需要特定的表决比例通过。自益权是股东为了个人利益，单独即可行使的权利。典型的自益权是表决权。而作为集自益权和共益权于一体的股东权究竟是一种什么权利？很多学者将其归纳为一种混合型权利，亦被称为社员权（成员权）。股东权的核心与实现路径是股东所享有的参与权，它兼有身份权和财产权的特点，但又有独特

---

① 陈华彬. 论我国民法典的创新与时代特征［J］. 法治研究，2020（5）：101.
② 金可可. 债权物权区分说的构成要素［J］. 法学研究，2005（1）：20.
③ 马克思，恩格斯. 马克思恩格斯选集：第2卷［M］. 中共中央马克思恩格斯列宁斯大林著作编译局. 译. 北京：人民出版社，2012：749.

性。团体制度的最大功能在于团体成员权利的转换。通过团体法思维，可以对新权利发现并认可，揭示法律对背后隐藏的资源配置的态度，进而通过弥补权利体系的缺位，为新兴权利诉求提供应有的保护。

从根本上来说，法律来自生活本身，并不是来自人的创造。[①]正是社会变迁带来的价值观变化，权利需求和冲突才成为当下土地法律理论研究的关键。在权利的外在表征下，有着深厚的文化传承影响和社会基础的结构安排。只有理解了与其有关的变化，才能把握其根本。对土地权利边界的厘清和冲突的解决是中国土地法律理论面临的历史任务。推行集体土地制度改革，实质上就是重新厘清权利边界和范围，解决目前共存于土地上的权利冲突，界定权能；构建起功能合理、限制正当、权能丰富、流转自由的土地权利体系，进而建立和维护积极、有序的社会生活秩序，实现权利、义务、保障相协调；在尊重共同法则的前提下，探索有中国特色的土地制度。

---

① 姚建宗. 法理学：一般法律科学 [M]. 北京：中国政法大学出版社，2006：421.

5

土地民事权利的比较法分析

土地制度改革的出发点既要从大陆法系对土地制度的共性要求出发，又要突出鲜明的本土化特色，考虑历史、文化对一国土地权利安排的影响。通过比较法进行分析可以发现，我国集体土地财产权利还存在进一步完善的内生需求。对其展开研究，有助于厘清我国土地权利边界，化解土地权利冲突，完善我国土地权利理论。

5.1　土地所有制度的比较分析

5.1.1　大陆法系国家土地所有制度变迁

人类社会的发展从狩猎时期、畜牧时期、农耕时期，一直进化到现今的工业文明时期。在这一演化过程中，人类与土地的关系并非自始就如现在一般密切。人类进入农耕时代后，土地的优劣成为决定产出的重要因素，土地上朴素的所有权观念才随之产生。时至今日，土地仍然是财富的源泉和地位的象征。土地所有制度之演变呈现出多样化态势和丰富的景观。

（1）罗马法时期

从时空维度来看，自罗马建城之初到罗马帝国后期的衰落，十几个世纪中，罗马土地制度一直处于动态演变之中，从来不存在一个统一的土地制度和规范体系。在公元前6世纪之前，氏族集体土地成为主要的土地所有类型。氏族集体土地是罗马法上最为古老的一种土地所有形式，由氏族首领代表氏族统一进行经营管理，由氏族成员共同享有和利用。随着罗马帝国版图的扩大，军事扩张占领和氏族联盟的土地转变为罗马公地。伴随着平民阶层话语权的增加，城邦向私人授予的公地以及氏族向内部成员分配的氏族集体土地构成了私有土地的两个来源。

罗马法时期的土地制度是立法技术和观念上对土地管理的第一次系统总结。尽管那时的法律理论并不足以支撑精确的权利构造，但它将现代复杂权利构造下掩盖的人的利益原生态般地演示出来，呈现了主体最初的利益诉求，全景展示了从原始集体所有到私人所有的转变历程。在欠缺逻辑精密的所有权概念的前提下，早期罗马法上的土地所有权侧重于对物的支配。当城邦建立后，氏族集体性质的土地被消灭，私有土地模式建立起来。所有权概念也从支配权向市民法所有权转化，开始朝向一条抽象化的路线演进——从物转向权利。

（2）法国法时期

自1628年英国的权利请愿书明订非依法律，不得剥夺人民之土地的规范之后，开启了个人权利保护之思潮。[①]18世纪，自由放任主义者、理想主义者、历史主义者对私的所有权倾注了极大的热情，产生了主观权利需求。主观权利是人格的外部映射和延伸，所有权被作为主体的意志，获得了绝对性和神圣性。所有权基于其自身性质具有个体的排他性，也使主体摆脱了集体的束缚，被赋予了政治伦理意义上的最高权力。作为一种抽象的主观权利，所有权与主体本身高度相关，成为主体人格映射于外部的具象。[②]自由财产

---

① 杨松龄. 实用土地法精义 [M]. 台北：五南出版社，2008：51.
② 陈晓敏. 论大陆法上的集体所有权——以欧洲近代私法学说为中心的考察 [J]. 法商研究，2014（1）：128.

理念在启蒙思想和民主革命中深入人心。在财产思想的推动下，所有权神圣观念在西方兴盛起来。

在这样的背景下，共有所有权被斥为反自然的。财产由自然而获得，在任何情况下都应捍卫财产权利及其行使的不可侵犯性。多数学者将集体所有制视为一种落后的权利最初状态、一种必然会因人类文明的发展而被更新的形式。基于建立在个人所有及其政治伦理价值基础上的体系，集体所有制显得另类，甚至会引起法律文化体系内部的分化。私人所有权与集体所有权出格格不入，不可能在同一所有制度体系内同时存在，集体所有制因而被排除在法律之外。

可以认为，在打破封建社会桎梏、引领革命的过程中，绝对的所有权调动了个体的积极性，也促进了土地私有制度的兴盛。从封建王朝的君主所有到个人私有，所有权形态完成了磁极般的转换，带来的是对私有权利的极端崇拜和热情。但是，此种思想发展到极致，势必造成桎梏个人利益而不惜毁损社会生存进化，或酿成仅为个人芝麻小利而不惜破坏社会公益等问题。鉴于此，个人的土地所有权思想与团体主义、社会主义思想崛起后，即日渐式微。将劳动作为所有权的根据，是马克思一贯的思想。①

（3）德国法时期

19世纪后期，随着所有权绝对化带来的社会功能紊乱和两极分化现象加剧，学者们开始反思其弊端，财产的个人主义概念逐渐被社会化的概念所取代。社会上兴起了共产主义模式的讨论，代表性观点来自马克思。通过对历史上不同的所有权形式进行分

①　胡贤鑫，胡舒杨. 略论马克思的土地所有权理论 [J]. 江汉论坛，2014（8）：51.

析和批判，他总结出土地所有权的发展趋势和最终归宿。关于未来社会的土地所有权是否应当归国家拥有，马克思认为，社会化大生产这一经济安排的变化要求土地应当集中，并且只有土地集中起来才能提升资源的利用效率、提升农业生产力，土地国有化的合理性和必然性得到了论述。土地国有化将为实现自由平等和其他人道主义目标创造条件。显然，这一观点对我国土地制度的形成有着深远的影响。但是，社会主义所有制在法律技术层面不可能在以私人所有权为历史和路径依赖的欧洲推广。该思潮并未成为学界的主流思想，而在体系内改良集体所有制成为欧洲学者的主要尝试。在大陆法系所有权制度体系内，对复数主体的制度框定主要有共有和法人两种形式。

显而易见，共有并不是复兴集体所有的良方。无论是按份共有还是共同共有，都存在明显或者潜在的份额。集体所有权则体现了更为复杂的关系。在集体所有权中，客体具有超脱地位，其与个体之间呈现出独立和被利用的复杂关系。集体与个人之间并不是一种简单的财产利用关系，而是在此基础上的更为密切的身份依赖关系。

意大利罗马法学者将所有权和使用权的复杂情形简化为一个整体的所有权，即法人所有权。法人所有权意味着物已经脱离个人意志支配的范围，成为特定目标的指向：一个主要基于财产份额分配的权利义务关系取代了身份带来的权利结构，通过支付对价方式而享有成员权，股东隐身于团体背后，隐藏了个体的直接利益诉求而成为代表机构的组成者。与此完全相反，集体成员对集体财产的支配是凭借既有身份，无须支付对价而获得的权利，对集体事务平等地行使决断权。

总之，19世纪末，由于团体主义、社会主义思潮崛起，个人的所有权观念逐渐被社会的所有权观念所取代。人们认为所有权的行使应顾及社会公益，所有权受到限制的观念也逐渐形成。随着团体人格及权利研究的日益深入，法人等拟制主体在逻辑上被抽象构造出来，土地的个人所有权形态发生了深刻的变化，但是未见罗马法时期集体制度的复辟。此时的法人制度与罗马法时期的集体制度的先天、固有身份性完全隔离，是一种以财产权利为纽带的拟制主体制度。

5.1.2 新中国土地所有制度演变

新中国土地所有制度变迁的特征是强制性变迁与诱导性变迁相结合。新中国成立后，土地所有制度先后经历了完全私有（1949—1952年）、完全公有（1956—1978年）、公有制基础上的权能分化（1978年至今）三个阶段。完全私有阶段建立在新中国成立后推行土地制度改革的基础上。在"打土豪，分田地"方针的指导下，除西藏等边远地区外，全国各地实现了以均分土地为特征的农民私有制。根据《中共中央文件选编》的记载，1952年年底，农村又出现了土地兼并和占有大量土地的地主。为了避免土地再次高度集中，中央推行初级合作社和高级合作社，在此基础上建立了人民公社制度，实现了严格的土地公有制。该制度持续到20世纪70年代末，安徽等地部分农民自发地采取了土地包干制度。时至今日，形成了以集体所有为根本、以农民承包为主流、可以自由流转的集体土地制度。在这一所有权制度变迁过程中，中国特色的土地集体所有制度得以形成。该制度坚持把集体（三级所有、队为基础）作为土地的所有权人，赋予集体对集体社员财产分配、社会保障的职责和义务。该种集体制度与罗马法上的集体制度有着本质的不同，与现代欧洲大陆法系国家勃兴的共有或者法人形态也存在性质上的差异。因此，基于比较法视野来看，由于土地所有主体不同，中国理应形成本土化的土地权利理论，以匹配独有的集体制度。

历史应该嵌入制度体系之中并为之服务。在多元制度体系中，历史自身将过去投向未来。就土地所有权主体的演进过程而言，集体制度在变迁过程中被淡化，因而大陆法系国家的土地权利构造均围绕个人、团体而形成，无须考虑基于集体社员身份的特殊权利需求。而中国土地法律制度的特别之处就在于自人民公社化运动后形成的集体所有制度。因此，不能简单地以他国的土地权利构造作为我国土地法律基本理论的法定范式，而是应该深入探索和分析，围绕重新展开的多种可能性，努力丰富我国的土地权利体系。

5.2 开放性土地利用制度的结构需求

5.2.1 土地物权制度

民法框架内对土地利用法律制度的分析，当以物权与债权为分野。我们通过对大陆法系国家和地区的土地物权和债权制度的比较，分析我国土地利用制度的开放性架构优势以及现实意义上的结构需求。

（1）共性的简要概括

就大陆法系国家和地区的土地利用物权制度而言，其共性是很明显的。绝大多数都规定了地上权、地役权、用益权、抵押权等制度。下文对几种制度的共性做简要概括，以便为我国土地利用物权制度的完善提供借鉴。

首先，地上权制度。该制度是指在土地地上或者地下拥有建筑物（或其他设施）的权利。将权利限定在建筑物用途，以德国和意大利为代表。德国法的地上权比较特别，是在住宅所有权项下的一种特殊物权制度，但是也可设定在工业用地上。日本、我国台湾地区则将地上权的范围扩大到林木，但是不包括桑树、茶树、果树等，其被纳入永佃权范围内。《法国民法典》并无地上权规定，但是在19世纪，依多项判例确定了地上权制度，例如用于界定林木和土地之间的权属，以及湖面和湖底之间的所有权分离。

地上权在空间上没有切断所有权，而是从时间和标的上将其分离。在权利设定上，要求当事人有物权合意，并可转让。地上权可以通过时效取得方式获得，也可以通过法律直接规定产生。地上权可以被抵押、租赁，我国台湾地区规定，地上权还可以被继承。该权利可基于物权消灭的一般原因而消灭，也可基于时效、期限而消灭。唯独在登记效力上，德国、我国台湾地区采取登记生效主义，日本采取登记对抗要件。

从内容来分析，我国相对应的权利则比较复杂。地上权类似于我国的建设用地使用权和宅基地使用权，以及一部分林地承包经营权和乡镇村企业建设用地使用权的合称，权利之间的差别较大。在权利原始取得时，国有建设用地使用权基于出让或者划拨产生，其余使用权则基于特定身份或者特别程序产生。在流转上，建设用地使用权和林地承包经营权可以继承、抵押、转让，而宅基地使用权则完全相反。在权利的消灭上，建设用地使用权、土地承包经营权到期自动续期，而宅基地使用权则完全没有期限限制，因此，可以认为我国不存在基于期限届满而使权利消灭的情形。在登记制度上，宅基地使用权采取自愿原则，建设用地使用权、林地承包经营权采取强制登记原则，乡镇村企业建设用地则缺少相应的体系规制。因此，我国的地上权制度存在较为严重的同地不同权问题。

其次，地役权制度。地役权制度起源于罗马法时期，被大陆法系主要国家所接受，成为土地物权利用中不可或缺的制度。罗马法时期的地役权以通行、取水、放牧为主，强调土地的自然价值利用。而现代大陆法系国家的地役权制度则在保持原有范围之外，又增加了眺望、采光等精神、审美类的情感需求及维护。德国、阿尔及利亚、意大利、西班牙强调地役权可以对建筑物高度、风格做约定。法国的司法审判实践则将对土地的便利扩大为在经济领域对土地利用的便利。德国、我国台湾地区将地役权用于竞业禁止约定。此时，地役权制度已经突破了传统的对物的利用，而扩大到了满足土地上各种权利人的各种需求。从地役权的设定来看，根据古老法谚的表述，地役权只能设在不同当事人之间的财产之上。地役权的设定客体几乎被限定在不同所有主体的土地上，唯独德国、瑞士、西班牙例外。这几个国家允许所有人在自己的不同土地上设定地役权，以便更好地发挥土地的价值。通过约定设定权利是通行做法，但是不允许通过约定对地役权客体的所有人要求施行积极行为。这也就意味着，地役权不因作为而成立。法国、西班牙、意大利均规定，地役权可以通过法律规定而取得。究其原因，大抵是因为部分国家对地役权与相邻权不做区别所导致的。从权利的内容看，地役权被认为是从属性权利，不可以与土地分割，也不能单独转让，但是地役权可以依物权消灭的一般原因、时效等规定而消灭。

从比较法角度来看，我国地役权制度规定条文较少，且内容较为抽象。尤其是《民法典》将地役权的设定客体扩展到不动产，但是条文内容仍然只指向土地使用权，未对房屋进行明确界定；对地役权制度框架性规定较多，而能体现土地制度固有法特征的规定则明显缺失。部分大陆法系国家基于其他制度的存在，例如居住权、使用权、人役权等能够对土地利用发挥辅助功能，因而对地役权制度的适用作出了严格限制。《民法典》中虽然增加了居住权制度，但是该制度与其他大陆法系国家的居住权存在较为明显的区别。因此，在我国缺少其他制度有效辅助的前提下，单纯沿用地役权制度的共性规定，将使地役权制度的适用空间变狭窄，造成立法资源的浪费。

再次，用益权制度。在大陆法系国家，用益权的内涵较为复杂，国与国之间区别很大。部分国家虽然未规定地上权，但是实际上将其涵盖在用益权中。《德国民法典》规定，用益权为收取物之收益权利，且原则上不得转让与继承。运用此形式的主要场所有两个：为养老而设立供养用益权，为担保物权的债权人的现时利益而设立担保用益权。在实践中，当事人设定用益权的动机常常是基于纳税考虑，特别是在征收遗产税、所得税时，可以将财产之收益（收入）转移至收入微弱的用益权人（如孩子）。《法国民法典》对用益权的规定为：用益权人的法律地位和所有人相同，享有的权能和所有权人的权能相同，不同之处在于用益权人负担保存该物本体的法定义务。这就意味着，除处分权外，用益权人拥有与所有人相同的权利。这主要包括三种情形：一是保留用益权的不动产出卖行为，在实际生活中较少发生。二是附条件的赠与行为，这种保留用益权的赠与通常表现为家庭内部成员之间的互助行为，由直系尊亲属向其卑亲属实施。三是生存配偶的用益权。在现代法治理念下，法国学者认为，用益权有许多缺陷。在长期的历史发展过程中，作为一个孕育于农业社会的制度，它难以与一个崭新的工业社会相匹配。阿尔及利亚、意大利则特别强调用益权的期限限制。如果未规定期限，则视为用益权人（法人）终身设定。承担用益权的土地期限届满后仍有尚未收割的庄稼的，继承人应继续享有用益权直至庄稼成熟。西班牙、埃塞俄比亚的用益权则混合了地上权和用益权的内容。西班牙的用益权侧重土地的收益，包括土地上的产出物归属，但并不强调土地上建筑物的兴建。至于用益权中通常包含的使用权和居住权，因其主要强调房屋的利用，故不在本书的探讨范围之内。

总体来看，以德国、法国为主的用益权制度强调对物的交换价值的支配。以此时之物，换取未来对价，或者满足特定身份人员之需求。该制度与地上权在目的上区别明显。基于特定身份限制，在权利的流转上也有特别规定。在我国土地法律制度中，尚无用益权相关物权制度，但是有森林法、矿产资源法等对土地产出物的规定。

最后，抵押权制度。从比较法角度看，大陆法系国家都规定了土地抵押制度，具体内容依据各国所采取的不同物权生效要件而有区别。德国、西班牙、埃塞俄比亚（包括不动产质押）、阿尔及利亚、我国台湾地区采取登记生效主义。土地抵押均需履行登记手续，才能发生物权效力以及优先清偿。而法国法的不动产抵押制度较为特别，分为意定抵押与法定抵押。根据法国对物权变动采取的不同做法，意定抵押与法定抵押涉及的登记制度存在差异性。日本法律规定，登记是物权变动的对抗要件。①我国的土地抵押制度因循德国的做法，采取的是登记生效主义，不登记就不能发生物权效力。

（2）个性化的土地物权制度

土地利用物权制度也反映了不同国家的民法传统和历史性格，体现在土地利用上，就是个性化的土地物权制度。

第一，限制的人役权。在德国法中，限制的人役权为介于地役权与用益权中间的权利状态。与地役权相同的是，二者均以特定方面的适用为内容；而与用益权相比较，二者均强调权利之享有与特定的人相联系，原则上权利不得转让、继承。故在立法上，限制的人役权在内容方面，参照关于地役权的法律规定。二者的区别在于不存在所谓的土地利益。自己或者他人值得保护之利益均可以成为限制的人役权之内容，并且该利益不必是财产价值形式的利益。例如，捐赠养老院时约定只限于特定城市的公民申请。该制度与《民法典》确立的居住权制度内涵一致。

第二，永佃权。在日本、意大利、我国台湾地区均存在永佃权制度。永佃权是缴纳佃租，在他人的土地上进行耕作或放牧的权利。在具体内容上，不同国家和地区的区别较大。《日本物权法》规定，永佃权转让、出租，可以依约定。即使是不可抗力，

---

① 近江幸治. 担保物权法 [M]. 祝娅，王卫军，房昭融，译. 北京：法律出版社，2000：91-105.

也不可请求免除佃租。租佃期限为20~50年；未做约定的，则视为30年。3年以上不可抗力导致收益全无或者连续5年以上收益少于地租，可放弃永佃权。连续两年不支付地租，或者破产，可消灭永佃权。但是，现代社会的佃耕大多是根据租赁合同形成的，真正的永佃权很少。日本在第二次世界大战后进行了土地改革，实行土地私有，这样一来，永佃权越来越少了。

我国台湾地区规定，永佃权需书面订立，非登记不生效。权利具有永久性，得让与他人，但不得出租（因服兵役致耕作劳力减少，而降佃地全部或者一部托人代耕者，不视为出租）；不可抗力情形可请求减少佃租；可以优先承买，连续耕作8年以上之耕地，得请求代为照价收买其土地；一年以上不为耕作者，视为放弃永佃权；拖欠两年之总额者，可以撤销租佃；佃租不得超过375‰。意大利永佃权制度强调永佃权的长期性，20年为最低期限，地租支付义务不受庄稼收成影响，禁止转永佃。

从制度目的比较，永佃权制度类似我国土地承包经营权制度。我国土地承包经营权长期不变，到期后可自动续期，相当于永佃权的无期限。基于现在土地政策"增减不变"，土地承包经营权不会被消灭，权利主体也可以进行流转、互换、出租、转包等民事行为。随着土地承包经营权"三权分置"改革推进、入股和抵押等制度的推行，土地承包经营权的权能将更加丰富。与此同时，土地承包经营权不需要承担佃租或者税费。与永佃权相比，我国的土地承包经营权是一项权能更加丰富的土地权利。其无期限、可流转、无偿性以及增减不变的特征，更是远远超过了一般永佃权的权利内容。

第三，典权。典权是我国台湾地区的特有物权类型。典权就是支付典价，占有他人之不动产，为使用收益之权利。也就是说，不动产所有人为受典价之融通，将其不动产交于受典人占有，而为使用收益。在制度沿革上，典与当并无严格区分，这足见其原有担保权之性质。典权以转移使用收益权来获得资金融通，其范围甚广，并无一定目的之限制。典权成立于他人不动产之上，以移转占有为要件。《西班牙民法典》中亦规定了典权制度，但是仅针对收取土地上的果实的权利，与我国台湾地区的典权制度内涵完全不同。

从制度价值来衡量，典权制度在现代担保物权体系内已经可以被其他制度所代替。典权基于其转移占有之特性，反而成为土地价值发挥的阻碍。在我国，土地抵押制度即可以实现典权的基本功能，因此未规定土地典当制度。

第四，优先权。《法国民法典》较大的贡献来自不动产优先权，它分为一般优先权和特别优先权。不动产一般优先权所赋予权利人的优先受偿权利具有很强的效力。引用该种优先权的债权人可以先于抵押权人获得清偿。不动产特别优先权在于不动产出卖人的优先权，金钱出借人对以该金钱取得的不动产的优先权，共有人的优先权，建筑师、承揽人、工人的优先权，财产分割的优先权，租赁-转让合同之受让人对所有权的优先权。在我国土地利用物权体系内，除共有制度外，并未规定优先权制度。

第五，共用权。在《日本民法典》中，为了尊重自然形成的村落群体在一定范围内的山林或者杂草上的权利，形成了共用权。如果不能按照地方习惯处理，就适用关于共有或者地役权的规定。共用地的适用形式是按照集体的规定，共同使用、收益。随着近代社会的形成，共用形式逐渐发生了变化，主要是村落群体享有的权利不能转让、处分或者分割，但会因为团体性消灭、个体资格失去而被消灭。该制度在日本已经日渐式微。

第六，收回权。埃塞俄比亚的收回权类似于现代法治中的共有人的优先权或者强制先买权，强调转让土地者的血亲拥有法定的收回权。这是一项基于特定身份而产生的权利，与现代法治理念不符。

5.2.2 土地债权制度

土地利用的债权制度主要是指土地租赁制度。土地租赁制度基于其债权特性，具有相对性、对人性以及明显的期限性。债权和物权性质的区别很明显。土地租赁的期限较短，当事人之间是债权关系，解决纠纷主要依靠违约责任。而土地物权则具有绝对性，一旦设立，不因单方面意志而被解除法律关系。租赁通常不具有继承权能，转租也会受到限制。土地物权则具有充沛的财产功能，通常可以继承、转让。

在近代，为土地之经济利用，对利用权人加强保护，有将租赁权之地位提高的趋势。例如《日本借地法》规定，将延长租赁权存续期间以巩固其地位。在《日本民法典》债权编中，有关租赁权的规定把所有的不动产作为对象，以拥有建筑物为目的而使用他人土地的合同关系所产生的法律问题几乎都发生在租赁范围内。《德国民法典》第585~597条规定了农地用益租赁，从而使该法律制度在民法上获得了独立性。我国亦规定买卖不破租赁制度。我国台湾地区则对地上权与租赁权做了清晰的界定，以土地使用人地位转换之有无、存续期间之长短、土地所有人修补土地义务之有无为主要标准，并斟酌当事人之关系、当地之习惯、土地使用之目的等，以为判定。

总体而言，就土地利用制度的两种方式比较，债权利用及规则呈现趋同的态势，这与国家之间密切的经济、法律交流有关。而物权制度则求同存异，受到不同法系及历史、传统的综合影响，有着鲜明的本土性格。此种结论对我国土地法律基本理论构建有重要指引作用。

5.2.3 我国集体土地财产权利类型研究的实质指向：身份性与财产性权利的结构性冲突

从上文的比较分析中可以得知，我国土地上存在较为严重的权利冲突。该冲突从表象上看是中国集体制度下土地权利的缺失和不完善，根源却来自民法理论中权利制度自身的缺陷——一般规定的缺失。虽然民事权利体系自建立以来，人身性权利与财产性权利的区分已有定论，但是，翻开《民法典》，感受到的是浓厚的财产法气息，与人身权有关的规定却偏居一隅。基于物权-债权分野的法典构建已经成为一个理所当然的制度预设。

传统的人法、物法、债法具有内生的同质性，尤其是在现代经济社会，权利日益复杂，人身性权利与财产性权利出现了融合趋势。在现代法律制度中，知识产权领域的融合较为明显。相比较而言，在知识产权领域，只有权利内容的融合，没有权利主体的差异。而中国土地权利的特殊之处就在于其既有人身性、财产性权利的融合，又有集体社员和非集体社员的主体资格的区别。权利主体与权利内容排列组合，则会产生复杂的权利观。融合后出现了两种奇特的现象，即人身性占主导的复合权利和财产性占主导的复合权利。二者在法律功能、结构、目的、旨趣上有着颇多不同，但是又因为其糅合了两种不同的权利，在表征上呈现混沌状态。对于集体社员的财产性权利与非集体社员的准人身性权利规定的缺失，是现在集体土地法律制度的症结所在。

因此，可以认为，土地权利冲突的根源在于将以现代财产法为核心建立起来的权利结构概念体系套用在传统的人身关系上，导致龃龉不断。人身关系是与一个民族的道德观念、民族习惯、文化传统密切相关的，它不是单纯由经济因素决定的，人身法的社会伦理性与财产法的形式理性之间存在严格限制；财产权与人身权的人格基础、权利形态和调整手段具有质的区别，从人身向财产转型的过程中，现有体系已经不足以支撑转型时期的权利需求。①

解决中国土地权利冲突、构建权利基本理论的路径在于土地民事权利的整合。这种整合是当代社会发展的内生需求，也是法律功能与法律制度滞后之间的缓冲地带。要以提取公因式的方式最大限度地概括不同权利，形成全面的权利体系；根据人身多一点还是财产多一点，构建中国特有的土地权利理论；在融合权利中，析出主要的权利特性，明晰人身权利和财产权利的边界；对法律关系的各项要素进行最大限度的抽象，以获得普适效果，为土地制度依法改革奠定理论基础。

---

① 马俊驹，梅夏英. 我国未来民法典中设置财产总则编的理由和基本构想 [J]. 中国法学，2004（4）：29-30.

5.3　团体法思维下民事权利的扩围：成员参与权的提出

5.3.1　个人法语境下的民事权利廓清

从民法调整的对象来看，个体成员是民法调整的主要对象，以个体的人格身份、财产权利等方式作为规范内容。个人法的典型特征是对权利内容单一维度的界定和保护。自文艺复兴以来，哲学家与法学家都在论述财产对于个体的积极意义。从逻辑上来看，个人的自由是人的本质品格，其先于政治社会而存在。通过社会契约，人们组成政治共同体，其目的就是通过让渡一部分权利而换得自己自由的安稳保障。因此，在传统人身权和财产权的规范体系内，个人主义思维占据主导地位。民法的本位价值是对个人的关怀，这种对个人权利的构建成为近现代民事法律体系的核心要素。

上述特点亦体现在《民法典》的权利体系编排和权利内容之中。权利本位的鲜明定位彰显着新时代《民法典》的光辉，人身权利和财产权利的强化保护呼应了主体的权利诉求，在整体上构建了平等保护、权能充沛的权利观念。这种主体-客体-内容之间的一一对应关系是民法对个体进行调整的主要特点，是古典民法理论的延续，构成了一系列衍生权利和新兴权利的基础。但是，也必须看到，无论是生命、健康、名誉、隐私、尊严等人格利益，还是居住权、建设用地使用权、抵押权、保理合同等财产利益的确认，其构造还是比较简单的。

5.3.2 团体法语境下的成员参与权

"近代民法向现代民法的转变，导致了民法的社会化，这样，在民法中形成了与个人法不同的团体法。"[1]私法以社会成员的利己性作为预设前提，个体法是市民社会的权利维护机制。在此理念影响下，《法国民法典》对团体法的态度极为消极，为了否认封建行会的正当性，其树立了个体成员擅自设立团体违背国家主权原则，任何未经国王批准而擅自成立的团体，都是违背民族意志、触犯主权的行为。[2]民法所保护的终极价值观是自然人的个体权利，而拟制主体等自然人的集合不能成为民事法律关系的主体。[3]伴随着市民社会逐渐过渡到市场社会，团体的出现丰富了民事主体的类型，也影响了传统民法的调整对象。团体成员与团体之间的地位和权益诉求发生了改变，成员的个体利益不再是团体追求的唯一目标。以平等保护为宗旨的民事法律选择将团体视为无差异市场主体的一员，民事主体内部成员的独特利益诉求逐渐成为普遍需求。在团体和团体成员之间不断的权利冲突过程中，民事权利观念被潜移默化地更新了。成员将部分权利让渡给团体并接受团体的约束，正是为了自身行为方式的优化及利益的最大化。与此同时，成员的权利从单一权利转化为权利束。团体法就是从对主体的约束出发，规范有组织的成员的行为。

---

① 谢怀栻. 外国民商法精要 [M]. 北京：法律出版社，2002：15-16.
② 乐启良. 法国大革命与结社自由的遗产 [J]. 史学理论研究，2007 (1)：44.
③ 方流芳. 近代民法的个人权利本位思想及其文化背景 [J]. 法学家，1988 (5)：46.

（1）团体法的基本原则——意思自治

在团体法中，意思自治原则是团体成员必须遵循的法则。意思自治原则是民事法律行为制度的核心，具体体现在各项民事法律制度之中。作为民商事法律制度的基本原则，意思自治在公司法中表现为依法设立公司的自由。[①]意思自治原则在团体法中表现为自由决定加入、退出团体以及团体中的表意自由。团体主体的设立、个体利益的实现以及利益的救济，都需要通过自治的方式来实现。团体自治方式的重要途径就是赋予团体成员参与权，通过多数决的程序最大限度地实现实体正义。

"个人之契约自由亦渐为团体契约所排斥。其结果向以个人为中心之法律关系，乃渐有被以各种团体或各种企业组织为中心之法律关系所代替之趋势。"[②]在个人法向团体法转变的过程中，直接将个人法语境下生成的物权或债权观念移植到团体法中，将导致诸多难解的问题。[③]成员的参与权是维护成员权益的重要方式，但是其性质与债权或者物权观念难以保持一致。绝对权和相对权的分类难以涵盖参与权的属性，这说明成员的团体法权利与传统私法权利存在较大不同。团体法下成员权利的分配及行使构成了集体土地财产权利类型完善的理论基础。

（2）团体自治的私法路径

在团体自治进程中，最重要的是赋予团体成员参与权。在从身份到契约的转换过程中，团体成员通过让渡财产的管理、处分权能而意图从团体处获取超过个人单打独斗所能获得的利益。此种期待

---

① 王利明. 民法总则研究［M］. 北京：中国人民大学出版社，2003：111.
② 郑玉波. 民法总则［M］. 北京：中国政法大学出版社，2003：99.
③ 叶林. 私法权利的转型——一个团体法视角的观察［J］. 法学家，2010（4）：150.

权的实现既有赖于成员通过共同行为设立团体，也要求在团体运营过程中赋予成员充分的表意渠道和决议效力。因此，团体自治的私法路径既包括共同行为，也包括决议行为。

①共同行为

共同行为"其实是多个单方法律行为，但它们是共同引起所想要的法律后果"。[①]在表意过程中，当事人表示的内容相同、方向一致。共同共有物的处分决定以及合伙协议和公司设立过程中的章程、约定等都属于共同行为，但二者在设立团体的目的、参与设立团体的主体要求、行为有效的形式要件和适用的法律依据等方面差别明显。[②]在团体中，共同行为可能发生在团体初设之时，亦有可能发生在新成员加入既有团体时。团体初设时，全体成员的共同行为表现为对设立团体的章程签署、出资义务的约定以及设立过程中的代表行为等。新成员加入既有团体时的共同行为表现为现有成员对新成员的表决同意、对团体现有状况的充分介绍以及新成员愿意以更优或者更不利的条件加入既有团体。在上述两种情况下，当事人方向一致的意思表示虽然可以区分为一致方能成立和一致方能加入，但其实质都是个体成员的单方法律行为聚集而引发相应的法律后果。

共同行为理论成为判断团体设立和成员合法身份的重要理论基础。基于土地的不可移动性，集体土地流转后的权利人与其他集体社员之间的关系，以及该权利人在多大程度上可以行使成员的各种权利，都依赖成员身份的合法性。共同行为理论为集体土

---

① 施瓦布. 民法导论 [M]. 郑冲，译. 北京：法律出版社，2006：295.
② 王利明. 合同法分则研究（下卷）[M]. 北京：中国人民大学出版社，2013：431-432.

地流转后的权利人如何融入既有集体提供了正当性依据。

②决议行为

按照传统民事法律行为分类，以民事法律行为成立所需要意思表示的数量为衡量标准，民事法律行为可以界定为单方民事法律行为和多方民事法律行为两类。多方民事法律行为的意思表示数量为复数，又可以分为双方民事法律行为、决议行为和共同行为。①单方民事法律行为通常是指基于民事主体单方的意思表示，即可以引起法律关系的发生、变化或者消灭，如悬赏公告、债务的免除、权利的放弃等。在集体土地私权体系内，并没有通常意义上的单方法律行为可以适用。但是根据相关规定，承包农户进城落户的，依自愿有偿原则，引导其将所承包土地交回发包方。依其行为性质分析，自愿交回承包地应属于权利的放弃，应为单方民事法律行为。双方民事法律行为系民事主体双方依意思表示达成一致而引起法律关系的变动。合同行为是典型的双方民事法律行为，其在集体土地私权的设立、流转等领域都发挥着重要的基础作用。无论是土地经营权的设立、流转、抵押，宅基地使用权的内部流转，还是集体经营性建设用地的出让以及居住权和地役权的设定等，都是双方意思表示一致的结果。对于上述行为的规制当然要考虑主体的行为能力、意思表示是否真实以及是否符合法律法规中与效力有关的强制性规定。

决议行为是复数民事主体根据法律或者章程规定的表决规则在独立表达其意思表示的基础上作出决定的民事法律行为。典型的决

---

① 王利明. 民法 [M]. 北京：中国人民大学出版社，2010：103-104.

议行为包括公司股东会的决议、董事会决议、业主大会决议等。[①]民事主体依章程所定程序和内容对团体事项进行表决。根据程序正义的要求，采取多数决的意思表示形成机制是决议行为的根本特征，全体团体成员都具有遵守决议结果的约束。[②]

在决议行为施行过程中，其意思表示并非呈现单一方向，这是其与共同行为最大的区别。在具有内生性的复杂机制设定下，决议行为的效力、评价以及瑕疵的消除等方面存在特殊性。作为团体法的产物，对决议行为的效力评价不能完全适用民事法律行为效力判断的一般性规定，也不能完全采取合同行为的效力构成要件，以免导致团体法律关系不稳定，影响利益关系人的利益。[③]有学者主张，鉴于决议行为在多数决等程序机制上的特殊性，应当将其从法律行为中独立出来。[④]

决议行为的典型功能在于通过意思表示的多数意见形成覆盖团体成员全体意志的决议。在此过程中，团体成员所享有的参与权具有了理论上的正当性。通过赋予团体成员对相应事项的表决权，通过选举权、被选举权、重大事项参与权、监督权的行使，决议行为对失去直接占有物的权利主体予以保护。

5.3.3 《民法典》对团体法思维的态度

上述团体法思维与完善我国集体土地私权类型具有天然的契合

① 王雷. 论民法中的决议行为——从农民集体决议、业主管理规约到公司决议 [J]. 中外法学，2015（1）：83.
② 王雷. 论民法中的决议行为——从农民集体决议、业主管理规约到公司决议 [J]. 中外法学，2015（1）：59.
③ 施天涛. 公司法论 [M]. 北京：法律出版社，2006：373.
④ 陈醇. 意思形成与意思表示的区别：决议的独立性初探 [J]. 比较法研究，2008（6）：54.

性。大陆法系对于团体法的研究主流仍基于商事主体的拟制性而展开，对营利法人的股权性质等分析汗牛充栋，对集体社员与集体之间的团体法研究也正在展开，但是对非集体社员的外来经营者基于土地流转而被动加入集体空间的权利研究少之又少。在积极推进"三权分置"改革的实践中，集体社员与非集体社员在封闭的集体空间内存在严重的权利冲突，缺少对非集体社员的参与权的规定与保护。二者之间并不是非此即彼的两端，实为相互配合共同发挥土地价值的合作者，缺少哪一个都会影响集体土地制度改革的实效。

遗憾的是，《民法典》对集体土地权利上所存在的明显团体法色彩并未给予足够的重视。在《民法典》第二编第三分编用益物权中，《民法典》用两节的体量规定了土地承包经营权和宅基地使用权。从法条数量来看，用13条规范了土地承包经营权，用4条规范了宅基地使用权。条文的数量与集体土地改革的地位并不匹配。从体系构造来看，《民法典》分别规定了去除身份属性的土地经营权和基于身份属性的土地承包经营权。这是《民法典》对物权法的重大改进，也是对改革经验的总结和整合。但是，立法论的阐释不能代替经验事实，对于土地经营权的用益物权属性的明确并不能自动解决集体土地改革后所面临的权能不足和权利冲突问题。多重权利结构导致权利的行使规则和保护存在明显的缺失，对基于农地流转而被动地与集体发生关联的民事权利主体的参与权未作出任何保护性规定，折射出《民法典》对团体法思维的冷漠，不利于保护集体土地权利人的利益。

总体来看，民事权利的体系化是集体土地私权类型完善的逻辑起点。对集体土地财产权利类型的讨论应框定在现有的民事权利体系内，并寻求对新生利益的体系化解释。现有民事权利体系的分类为集体土地财产权利类型的完善提供了弹性空间，团体法思维的发展为集体土地财产权利类型的完善提供了理论支撑和路径。财产权利构成了集体土地私权的母权利，共同行为理论赋予了集体成员相关权利的正当性，决议行为理论为完善集体成员的参与权提供了理论基础。

6

乡土中国向城乡中国转换的农地权利结构：

社员权与成员权的区分

财产权的正当性依据来自法律规范的赋予，而法律规范的改变往往也要受到财产权观念变化的影响。财产权性质的设定、内容的赋予无论在何时何地，都会对个体的权利义务产生直接影响。在现代社会，财产权日益丰富，牵涉利益主体众多，权利来源复杂。对财产权观念的变化进行考量，有助于揭示财产权观念的演变路径，判断相应法律范式调整背后的影响因素。在多元主义社会背景下，如何识别权利来源不同给权利构造带来的影响、如何衡量个体权利与社会利益之间的关系就成为财产权研究的主要内容。一方面，要明确财产权对于个人而言的必要性与合理性。对于其正当性的思考，主要围绕个体利用资源的方式和权利的来源构成展开。另一方面，要把握财产权与社会义务之间的合理边界。这涉及在对财产利用的过程中，个体以何种原则与客体以及其他主体之间发生联系。不同的财产权法律范式对应着不同的社会义务履行，这也要求通过综合判断构建模式来为不同的财产权类型提供一个统一的正当性基础。

对待财产权的立场决定了对待财产的态度。站在什么样的立场去规范财产，取决于对问题的判断和解决问题的方式。通过对西方财产权理论演进的梳理，我们得出相应的结论，即财产权变迁的理论脉络正是围绕对个体与社会关系的重新认识展开的。适当且正确的财产权理论正是在个体与社会的思考框架下，实现了要素之间的平衡与统一。围绕我国集体土地财产权利制度，以多元主义为时代背景，通过对个体要素和社会要素的抽离，为社员权与成员权的区分提供理论支持。

6.1　一个古老概念的复活：社员权

6.1.1　传统社员权的本源与内涵

（1）社员权的概念

"社员权"一词来自日语"社員権"，日语"社員権"是对德语"Mitgliedschaft"一词的翻译。[①]清末被引入国内，近代民事立法中普遍使用"社员权"这一表述。社员权是一种团体权利，意指私人在团体中所享有的权利的总称。此处的私人即被称为社员。《日本民法典》和《德国民法典》中都有社员权制度。史尚宽认为："社员权者，社团法人之社员对法人所有之权利也。"[②]刘得宽认为："社员权者，构成社团社员，基于社员资格，对社团所具有之一种概括性的权利。"[③]上述概念的潜在含义是指社员是对社团法人的对称。

在传统民法研究中，多数学者对社员权和成员权未做区分，视为同义。随着近几十年法学研究对社团法人认识的深入以及非法人组织的兴起，部分学者主张采用"成员权"的表述替代"社员权"。其理由主要在于："社员"一词在20世纪50—70年代在中国农村地区广泛使用，其意指向合作社社员，有着特定的含义，与私法体系

---

① 任中秀. 成员权基本理论问题辨析［J］. 社会科学家，2019（2）：129.
② 史尚宽. 民法总论［M］. 北京：中国政法大学出版社，2000：25.
③ 刘得宽. 民法总则［M］. 北京：中国政法大学出版社，2005：36.

中社员的概念有所不同；"社员"的表达也难以妥帖地体现团体背景的变化，其最主要的应用场景是表达公司股东所享有的股权（member's right），用"成员"一词能够更清晰地表达个体与集体之间的财产关系。

本书认为，"社员权"在历史上的特定意义恰恰构成了中国土地法律制度的特色。在坚持集体土地所有制的根本方向基础上，土地权利与特定身份之间的关系不可隔绝或者归零。在对集体经济组织与集体经济组织社员之间的身份关系认定、保障功能实现、土地利用、乡村自治以及权利救济等场景下，社员权制度有着先天的制度优势，能够较好地体现社员身份与集体利益之间的关联性和指向性，又具有其他法律概念所难以具备的观念基础和群众基础，应将其作为重要的集体土地权利表现方式予以确认，并明确其权利内涵和边界。对于集体土地上存在的类似"股权"的财产性权利，则应突出其财产关系和参与权的享有，以"成员权"概念体现其不同的团体关系。

（2）传统社员权的性质

关于社员权的性质，有社员地位说和社员权利说。社员地位说意指社员在法律上具有的一种地位。社员地位说难以解释不同团体中的成员所具有的不同的权利。社员权利说则是把社员权作为一种混合型权利。社员权强调的是社员所享有的权利，此角度更侧重社员作为成员所享有的独特权利。从传统观点来看，社员权被看作一种混合型权利，但是也要看到，人们对传统意义上的混合型权利的认识更多的是囿于当时对利益关系认识的局限而采取的过渡手段。无论是混合型权利中的股权还是知识产权等，在现代民法中都已经逐渐找到其明确的权利属性共识，制定了可统一适用的规则，进而在现代民法权利体系内找到了明确的权利定位。因此，本书认同社员权是一种民事权利，但是对其不采取混合型权利说。

作为一种独立的民事权利，社员权与其他民事权利有着明显的区别。社员权的内容独特，其与财产的联系极为密切。但是，社员财产利益的实现与传统物权人、债权人的权能不同。其既不像物权人那样凭借排他性的权利直接实现物权利益，也缺少债权人权利实现的请求权构造。其凭借组织性权利，通过参与管理权，凭借共同意志间接获得个体利益。社员权的获得与身份密切相关，只有具备特定身份，才能成为社员。这一点与身份权类似，但是又截然不同。身份权同义于亲属权，专指亲属法上的权利而言，与特定的父母、子女、配偶等亲属身份相关。但是，社员权仅与社员的特定资格相关，而非亲属法上的身份。因此，传统意义上的社员权与人身权和财产权之间存在交叉，是一种特殊的民事权利。

大陆法系国家对社员权的规范配置亦存在不足。《法国民法典》对物权和债权区分模糊的历史局限性，决定了其对社员权性质的认识停留在契约的约束力上，强调通过契约解决团体和团体成员之间的矛盾。德国学者则在精致的法学逻辑加工之下，对物权和债权的区分有了更深刻的认识，产生了绝对权和相对权的区别。学术界对社员权的认识也有两种不同观点。相对说认为，社员权是一种相对权利，只能在团体和团体成员之间发生。绝对权认为，社员权的行使及登记，将使得其与不特定第三人之间产生权利义务关系。就这两种观点来看，社员权具有特定的人身性质，又具有一定的经济利益。当社员行使特定人才能行使的权利时，其权利的指向是内部的决议行为，其行为的目的是针对某一法律行为对团体的授权，其行为的结果是可能发生的团体财产权利的变化。此时，社员权产生于社员和团体之间，属于相对权。而社员权又具有一定的经济利益，这就意味着社员凭借其身份可以获得可处分的财产权利，其对该财产权利的交易行为是一种自由的、不被限制的、绝对的排他受保护的权利。此时，社员权又表现为绝对权。

（3）集体社员权的特殊性分析

与传统团体范围内的社员权相比，集体范围内的社员权有其特殊性。关于这种权利的性质，分别有虚置民事权利说、公法权利说等。虚置民事权利说认为，农民集体虽然已经被立法赋予民事权利主体地位，但是民事权利主体与村民自治主体高度混同，使其很难成为真正意义上的民事权利主体。[1]农民主体成为虚置的民事权利主体。公法权利说则认为《民法典》确认了村民委员会的自治决策机构性质，而村民委员会的基层群众自治性组织在结构上隶属于《中华人民共和国宪法》中关于地方各级人民代表大会和地方各级人民政府的规定。一些观点认为，村民委员会是行政机构，具有鲜明的公法色彩，社员权应具有公法属性。

本书认为，《民法典》第九十九条将农村集体经济组织作为特别法人予以确立，其与农民集体同义，农民集体的民事权利与自治权利之间进行了明确的区分，虚置民事权利说的立论基础已经不复存在，而公法权利说的论证思路亦存在局限性。根据法律和法规的授权，特定组织的代表机构在特定情形下，可以作为行政事务的执行者出现。[2]但是，作为自治机构的村民委员会的决议行为，与作

---

[1] 马俊驹，杨春禧. 论集体土地所有权制度改革的目标 [J]. 吉林大学社会科学学报，2007 (3)：133.
[2] 关保英. 行政法的价值定位——效率、程序及其和谐 [M]. 北京：中国政法大学出版社，1997：3-8.

为农村集体经济组织社员行使民事权利的行为，存在明显的差异，不能以组织表现形态、团队的治理结构甚至结社目的作为评判权利性质的标准。集体土地制度改革的首要任务就是通过土地制度改革，去除不当的权利负担，激活土地的财产功能。因此，集体经济组织社员所享有的社员权是一项重要的民事权利，其与财产高度相关，受到前置资格的影响。在集体经济组织中，身份权中的财产利益是通过团体内部的分配机制实现的，即个人不再直接以其意志对财产进行支配，而是通过团体这一平台间接实现财产利益。①

6.1.2 传统社员权的生成路径

（1）社员权的产生基础：基于市场社会的权利需求

社员权的存续离不开团体的存在。团体的存在有两种不同的社会基础：其一，是市民社会。正如在前文关于财产权的哲学基础中所描述的那样，亚里士多德将市民社会理解为城邦，那时社会与国家并未分离。而近现代的市民社会理论则基于独立的主体发展需要，由洛克和黑格尔等概括出从家庭到以自愿为前提的联合组织体的发展路径。自由主义观念的普及为当代市民社会的发展提供了理论支撑。传统民法中的所有权理论是建立在对物的区分的基础上的。当个体完全占有物时，物就构成所有权的权利义务载体。因此，自由主义观念中缺乏成员权（社员权）这一权利形式存在和发展的理论基础。②

其二，是市场社会。当代市民社会理论呼应了时代发展的需

① 陈小君. 我国农民集体成员权的立法抉择 [J]. 清华法学，2017（2）：48.
② 吴兴国. 集体组织成员资格及成员权研究 [J]. 法学杂志，2006（2）：93.

求，在传统的国家-家庭二元结构中，描述了市场社会的第三种视角。也就是说，将市场从市民社会中独立出来，形成了国家-市场-市民的三元结构。这种三元结构反映在法律上，使得市民形成了两种不同的权利观。对国家而言，市民通过让渡部分权利的方式获得国家的保护。国家的保护应遵循最大限度地避免市民权益受损的原则，这就是公法的功能。对于市场而言，市民通过自愿联合形成结社，通过结社，市民让渡的是一部分对财产的处分权利，也因此获得了表决权等非经济权利。结社形成的社会团体应遵循最大限度地使社员受益的原则。至此，三元结构意味着公法与私法、个人权利与团体权利的区分。所以，市民社会是市场社会的基础，市场社会是社员权诞生的环境和前提。

（2）社员权的权利内容：基于参与权的权能分配

团体是社员权存在的基础。按照大陆法系传统的民事主体分类，团体主体资格与社员人格之间的独立性决定了不同团体下社员的权利。在严格区分联合体人格和社员人格的公司语境下，社员权在大多数情况下表现为内部的决议行为，对重大事项行使参与权，在利益间接受损时行使股东诉讼权利。由此产生的法律关系表现出内外有别的法律效果，成员与联合体之间发生的法律关系和效果归属，属于对内法律关系；联合体作为整体与外部民事主体发生法律联系时，则属于对外法律关系。区分对内的成员权利和对外的联合体权利便具有了正当性。①作为法人组织的社员权，主要表现为表决权、召集权、查询权、利益分配请求权、剩余财产分配权等；作为非法人组织的社员权，则表现为建筑物区分所有权中业主大会的

---

① 周枏. 罗马法原论 [M]. 北京：商务印书馆，1994：290.

社员权、合伙企业中合伙人的社员权以及未登记为法人的其他组织的社员权等。《民法典》明确规定农村集体经济组织为特别法人，社员的权利主要表现为参与权，包括参与集体经济组织收益分配、集体土地调整、集体土地发包以及集体土地公共基础设施利用和监督等权利。因此，在我国法律的完善过程中，应在法人框架下考虑集体经济组织社员权的权能表现，重心在于参与权的完善。也就是说，在考虑社员身份而赋予其相关参与权时，应结合财产功能的发挥，将参与权适当扩大化，将其延伸至非集体社员，逐渐将参与权从身份的依附转向对团体成员的利益维护。

民法中的权利表达，其真正的意义在于对具体法律关系中权利的维护，在于响应时代的要求。土地私权作为民事权利的一种，对社员权概念的"复活"不仅是对集体社员利益的确认，更是为团体法时代成员权利的保护提供借鉴。传统的社员权是基于对集体社员的保障功能而进行的权利表达，具有较为明显的时代烙印。伴随着农村集体经济组织内部身份的复杂、财产功能的强调，单一的社员权已经不足以覆盖土地上全部的利益诉求，因此，有必要对传统的社员权以主体为标准，进行更细致的分类，将集体土地上所存在的财产权利区分为社员权和成员权。

6.2　社员权与成员权区分的实践意义

既有私权体系可以利用抽象演绎方法对客体予以划分，权利类型较为封闭，私权彼此之间存在严格的界限，混合型私权被严格禁止，商事权利和新出现的私权类型不能与既有分类完全匹配。因此，在当今的民事权利法律体系中，个别具有双重属性的权利面临着体系融入问题，传统的财产权与人身权两分法存在适用的局限性。①我们应当转换思维的出发点，利用抽象的类型方法，通过内、外递进方式，构建起具有包容性的私权体系。基于民事私权的内向特点，参照市场社会的需求类型，确立以传统的人格权、身份权和财产权为基准的权利体系，兼容非典型的新生类型权利的流动谱系。②

6.2.1 构建完整的集体土地权利体系

如前所述，《民法典》在对集体土地民事权利体系予以确认的同时，也沿袭了《物权法》中的绝大多数相关规定。《民法典》第二百六十一条与《物权法》第五十九条的内容一脉相承，都是要在农村集体所有权与该农民集体成员之间建立起相应的制度连接，为农民集体的顺畅运行提供制度保障。③《民法典》对农民集体社员的自益权和共益权都有规定，具体表现为重大事项决策的参与权、知情权、撤销权、继承权，以及获得土地承包经营权和宅基地使用权等。叠加《中华人民共和国村民委员会组织法》（以下简称《村民委员会组织法》）中赋予集体社员的自治权，就构成了调整社员权制度的基础性规范。

但是，《民法典》对农民集体社员权制度的构建并不完整，或

---

① 吴汉东. 论财产权利体系——兼论民法典中的"财产权总则"[J]. 中国法学，2005（2）：74.
② 李建华，王琳琳. 构筑私权的类型体系 [J]. 当代法学，2012（2）：84.
③ 孙宪忠，朱广新. 民法典评注·物权编 [M]. 北京：中国法治出版社，2020：447.

者说有待进一步完善。

（1）立法的关注点有不足

相关立法均站在农村集体经济组织的视角，审视集体经济组织社员在农村土地制度改革进程中所遇到的权利保护与权能丰富问题，而缺失了对农村集体经济组织范围内的外来经营者的权利保护。如此规定大抵是考虑沿袭原有的相关土地立法中的权利规范，稳妥推进立法。但是，无论是《农村土地承包法》《土地管理法》还是《村民委员会组织法》，其立法的时代背景决定了其是以对土地秩序的管理和维护作为主基调的。伴随着集体土地"三权分置"改革的全面推开，集体土地的财产功能日益显现。基于"三权分置"改革而取得土地利用权利的外来经营者，对其利益的维护同样甚至更加重要。

（2）对农村集体经济组织社员的权利规定有缺失

其具体表现为：第一，未界定派生诉讼问题。《民法典》赋予农村集体经济组织社员知情权，当这种知情权受到侵害时，可以主张撤销权，以维护个人权益。但是，当集体利益受到村委会或者负责人的直接侵害时，对利益如何救济未作出规定。"集体经济组织应以自己的名义维护自身利益，但在集体经济组织负责人作出有损集体利益的行为或怠于对侵害集体利益的第三人主张权利时，基于其特殊的身份，很难自我纠错。"①对于农村集体经济组织利益受损的情况，《民法典》未赋予社员提起诉讼的权利。第二，社员对农村集体经济组织的集体收益分配请求权也未作出规定。"对于农地权利的构建，必须着眼于个体成员权与集体所有权的关系。考虑到

---

① 戴威. 农村集体经济组织成员权制度研究 [M]. 北京：法律出版社，2016：266.

财产权之上的双重主体，没有集体，成员的身份就无从谈起，故成员权制度的构建必然在农民集体的主体性框架内完成；没有成员权利，集体难免成为被少数人控制的谋取私利的工具，故二者实不可偏废。"①

6.2.2 解决不同主体之间身份与财产的结构性冲突

农村集体经济组织社员和外来经营者之间主要的矛盾是身份与财产的结构性冲突，表现形式是财产权利的行使与公共事务参与之间的偏离。通过社员权与成员权的区分，可以较好地明晰不同主体的权利和义务，解决主体间的身份冲突问题。

（1）土地利用的外部性和权利的身份性冲突

土地利用有着明显的外部性。农地耕作和宅基地使用权都要依托一定的农田水利设施、基础设施和公益设施等，才能发挥其功能。在农地流转改革以前，农村集体社员身份与集体土地功能形成闭环，仅需考虑赋予特定的身份对公共设施利用的权利以及明确表决规则即可。但是，农地流转改革后，土地用益物权主体和土地利用主体之间出现了冲突。对于土地利用主体而言，利用农业公共基础设施是其土地财产功能发挥所必需的；而对于农村集体经济组织来说，其主观上对长期投入而形成的农业公共基础设施具有明显的排外性。外来经营者的权利主体地位不明确，权能模糊，导致其不能对相关公共基础设施利用的决议进行任何表意行为。区分农村集体经济组织的社员和外来经营的

---

① 陈小君. 我国农民集体成员权的立法抉择 [J]. 清华法学，2017（2）：51.

成员，可以明确权利主体地位，明晰权利边界，赋予不同主体相应的权利。

（2）保障功能与财产功能的冲突

农村集体经济组织成员所享有的权利部分来源于国家提供的保障替代，具有社会保障功能。该保障功能通过各种惠农政策、补贴政策来实现，与特定身份密切相关。农村土地承包经营权"三权分置"改革后，承包权人与经营权人何者有权获得国家提供的转移支付利益，政策规定并不清晰。在户不在田的承包人往往可以凭借社员身份享受国家各项农业种植补贴，而实际耕种的土地经营权人难以享受各项政策性补贴。究其根源，就在于二者的土地权利主体身份区分模糊，权利界定不清，这也导致集体土地的保障功能被异化，财产功能未能发挥出来。

6.3　社员权与成员权区分的理论演进：基于团体法律范式的演进

对待财产的态度决定了法律制度的进程。伴随着追逐财产的热情，人们产生了对财产权利本质的深刻反思。在权利本位的私法构造中，财产权的法律范式决定着财产权利与义务的配置。对财产权的不同法律规制折射出彼时彼刻对财产的认识程度。财产权的寻根溯源应成为探究社员权与成员权的逻辑基础。只有在对财产的真正理论探求过程中，才能突破某种普遍理念的架构，确立适合时代需求的理论。

6.3.1　从原始共有到个体所有的转换

　　财产权产生的合法性论证基础是关于财产是自然的赋予还是习惯、经验的产物的判断。雅典人认为，农人是社会中最贫困、地位最低的群体，地主阶级则是通过土地私有发挥稳定作用的保守分子。以此为基础，古希腊哲学家构建起财产理论的基本结构。柏拉图继承了苏格拉底的共产主义理念，提出在政治社会中，没有公有的财产是不可想象的，公共职能的发挥依赖公有财产的存在。正如梅因所说，"团体共同所有权是古代正常状态的所有权，没有人能够违背团体意志而被保留在共同所有制中，如果把注意力仅限于个人所有的所有权，就先天地极少可能对早期的财产史获得任何线索"。①

　　作为柏拉图的学生，亚里士多德则认为，共同财产制会带来困扰。让所有人生活在一起是困难的，处理因公有而形成的共同关系也是如此，人们将为此而争论不休。因此，亚里士多德认为，私有财产可以解决上述问题，还可以培养人们的品德。自治与慷慨是人的两种美德，它们皆来自财产。人们应该在自爱与自私之间划定界限，通过财产私有来实现自爱，通过规则和制度来谴责自私。

　　罗马私法确立了私有财产制度并赋予个人行动以最大限度的自由，鼓励人们通过对财富的积极追求实现个人价值。经由法律的介入，近代人们对财产进行思考时建立了全新的架构，将财产与自然

---

　　① 梅因. 古代法 [M]. 沈景一，译. 北京：商务印书馆，1984：147-148.

法联系起来，区分自然还是习惯的二元理论是自然权利理论的肇始。从历史上看，这是基于人与人之间的契约的自然法，中世纪的社会契约理论亦证成了契约的安排。

对于历史演进来说，每一个时代都在努力寻找捍卫新的利益的理论和新的证成，几乎所有的对私有财产的现代证成都被那时的哲学家们阐释过。在上述思想基础上，自然法理论和传统发生了重大改变，它使得人们关注的视角从神学和法理学的束缚中解脱出来，转向权利的正当性研究。

格劳秀斯认为，公有与私有都是自然法的安排，而自然的平等并不能实现这一功能。霍布斯在格劳秀斯理论的基础上发展了权利理论，从自然权利转变到人的主观权利，开启了关于财产本质思考的权利篇章。他认为，在自然状态，每个人都对任何事物享有权利，但是一切人对一切人的权利将导致战争。如何消灭权利重叠的不幸状态？就是将私有权利转让给主权者并以此获得财产保护。可以说，私有财产是国家创造的，并在这种政治制度下维持自然平等。没有自我，就没有财产，也就没有正义。财产是人类法的创造，财产是正义的源泉，财产权利是人的主观诉求的客观表现。洛克认为："土地和其上的一切，都是给人们用来维持他们的生存和舒适生活的。土地上所有自然生产的果实和它所养活的兽类，既是自然自发地生产的，就都归人类所共有。"①人类对自然产出物的不满足使得人们努力创造，希望获取更多的物品，私有财产制度便应运而生。个体要素在私有财产的形成过程中发挥了重要作用，个体通过努力和天赋决定了财产权的转变。财产权是人与生俱来享有的

---

① 洛克. 政府论（下篇）[M]. 叶启芳，等译. 北京：商务印书馆，1964：18.

不可剥夺的权利，也是支配主体内在人格的延伸。这一过程是人的自然属性的结果，而非法律的赋予。

在此基础上，财产逐渐从团体共同所有权向个人所有权转变，并经历了几种形态：第一种形态是共有财产权在观念上和事实上都不可分割的塞尔维亚和克罗地亚村社；第二种形态是共有财产权虽然可以分割，但是在观念上和事实上经常被重新集中的做法所限制的俄国村社；第三种形态是共有财产权在观念上可以不受限制地分割，但是在事实上受到根深蒂固的习惯所限制的印度村落。[①]从原始公社共同所有到私有财产，是人类财产史上重要且漫长的转变。

在自然权利观念的洗礼和熏陶下，私法学家逐渐尝试从主观权利视角重构民事权利体系。1804年《法国民法典》正式确立了近代民法的三大基本原则，其中之一所表述的私权神圣使财产权利具有极高的法律地位。所有权成为一种绝对的自由，可以被权利主体无限制地使用、处分；以维护个体自由为基本维度，最大限度地排除国家干涉；通过构建主观权利的法律范式，进一步强化了意思自治观念；即使是基于公共利益，也不得随意剥夺已经赋予个体的权利。它使得财产成为个体能力的镜像，而非与国家的契约。绝对的个体财产权利在打破封建特权方面具有重要的意义，个体利益获得了最大限度的保护。但是，这一法律范式存在较为严重的不足，对自由的过度保护反而侵害了自由的实现，名义上的平等带来了事实上的不平等，严重冲击了社会的公平与存续。

---

① 马俊驹，梅夏英. 财产权制度的历史评析和现实思考 [J]. 中国社会科学，1999 (1)：97.

6.3.2　从个体自由到团体利益的修正

　　自然状态是松散的、和平和善良的，自然法规天然存在。统治者颁布的实在法成为人类社会的行为准则，人与人之间的关系接受实在法的调整。一旦人们接受实在法的调整，个体的财产权利就从自然权利过渡到了社会权利。或者说，自然法所适用的是人类初起的自然贫穷状态，自然法的命令被多元化的财产取得方式所替代，而这大大促进了公共福祉和社会繁荣。自然义务向自然权利过渡，极大地促进了自我意识的发展。在维系生存、追求财富、实现幸福的道路上，直接占有与间接占有制度扩大了占有的范围。当大多数物品都已经被占用时，土地的稀缺性变得尤为突出。个体自由带来的对事实上公平的侵害，促使其开启了自我改良的进程。

　　狄骥批判了主观权利理论。在他看来，基于社会连带理论的要求，主观权利理论存在一定的弊端，它过于强调个人意志在社会生活中的支配地位，却忽视了人类进行集体活动产生的连带影响。不动产权利体系的建构不能仅仅考虑权利主体的主观意愿，也要考虑不动产所有权的权能行使给社会生活带来的影响。[1]基尔克认为，基于主观权利观念的制度构造与社会利益之间脱节，《德国民法典》构造的不动产权利体系存在严重不足。社会权利、公民权利和政治权利作为公民资格的基础同等重要。公民之所以能从拥有较小范围的经济福利，转为享有较大范围的经济福利的权利，能够按照一定的明确的社会规则享有标准的生活保障，就必

---

　　① 夏小雄. 不动产权利体系构造的理论批判和制度重构 [J]. 东方法学，2015（4）：63.

然意味着向集合体或者国家转让了部分权利，使得国家能够介入财富运行的核心进程。罗尔斯的《正义论》则以差别原则和自由平等为基础，①基于起点平等主义和机会均等原则，坚持对处于最不利地位的人以最有利的主张，进而平衡平等与自由之间的关系，以此实现社会正义。自此，主观权利范式下的不动产权利体系面临着冲击，土地权利的社会义务模式代替了自由主义，成为占据主流的改良模式。

从整体上看，无论是社会连带理论中所提及的个人活动与人类生活之间的相互影响，还是个人向社会让渡部分权利获得较大范围的社会保障，实质上都是对因形式上的平等而导致的实质上的不平等的批判。对实质上平等的追求开启了私法实质化的进程，通过国家干预模式，在以社会正义为中心的价值引领下，财产权领域的个体与社会之间的权利边界问题变得越来越突出。原本相安无事的个体权利在国家强制性干预时，暴露出原有权利内涵的不足。工业革命的推进使得财产权客体的范围被极大地扩张，有体物、无体物甚至权利都进入了财产权的视野，成为新的财产权利客体。越来越多的社会义务使得财产的运用产生了越来越多的限制，同样也引起了国家过度干预的可能性讨论。

6.3.3　对团体权利范式演进的评价

法律的本质是人类活动自身。②自由和平等是人类和法律追求

---

① 罗尔斯. 正义论 [M]. 何怀宏，何包钢，廖申白，译. 北京：中国社会科学出版社，2006：57.
② 萨维尼. 论立法与法学的当代使命 [M]. 许章润，译. 北京：中国法治出版社，2001：10.

的终极价值，但两者之间的关系平衡则是单一的法律范式所难以实现的。"由于这种图景的作用，根据一种理解，社会正义的期待是通过各人利益之私人自主的追求而实现的；而根据另一种理解，社会正义的期待恰恰是因此而破灭的"。①就整体层面而言，世界各国都在重新解构不动产权利的逻辑基础、价值判断和体系构成。不动产所有人享有的民事权利已经成为具有基本权利性质的主观权利，而并非单纯私法维度的主观权利。

在主观权利内涵螺旋式发展的进程中，单纯考虑主观权利的利益实现和保护已经不能适应体系关联的要求。不动产权利人的权利构造不再是私法唯一的追求目标，其对社会公共利益的作用以及与其他法律价值之间的权衡也影响不动产权利体系。学者们试图用定性的方式来区分财产权利，以效率和平等作为细化财产权利及其权能的基本原则。从个体要素和社会要素分析来看，不同的社会发展阶段决定了权利的内涵和权能，不同的财产权利有不同的地位和作用。在个体义务与社会关系之间搭建起明确的规则，对于不同的财产权从理论上设定确定优劣顺序的明确规则，进而按照财产权理论之间相互修正作用的方式而适用。②这种理论有助于改进现有财产制度，激励我们去描绘一幅物尽其用的多元主义财产权图景。

总体而言，正当性的标准不一而足，受制于社会结构、经济基础以及发展阶段。团体法替代个体法是社会经济结构变化的必然结果。团体成员的参与权与个体的支配权并行，将成为民法权利体系构建的重要特征，以社会目标为主的价值导向有效地阐释了团体权

---

① 哈贝马斯. 在事实与规范之间 [M]. 童世骏, 译. 台北：生活·读书·新知三联书店，2003：507.
② 芒泽. 财产理论 [M]. 彭诚信, 译. 北京：北京大学出版社，2006：265.

利的正当性。通过对财产权利内核的重新架构、对权利构成要素的重新协调，实现自由和平等的新平衡。因而，应构建一个民事权利综合评价体系，并运用这一体系去评价、解读财产权利，搭建集体土地民事权利的正当性基础。

6.4 社员权与成员权区分的法规范解构：另一种财产权二元体系

财产权是一种典型的复合型权利，包括自由权面向的财产权和社会权面向的财产权，不同面向的财产权的作用和功能是不一样的。[①]大陆法系财产法的局限性从根本上涉及一个深层问题：财产法的功能和目的究竟是什么？[②]权利是这样生成的：主体具有各自独特的需求，需求的实现或追求自由便是利益，而利益经过主体参与的程序性正当评价（正义评价）法律化为权利。[③]因此，应通过对不同功能权利的核心要素的抽离，来确定彼此之间的联系规则和运行方式。但是，需要说明的是，"权利的任何分类，都不可能把所有的权利截然一分为二，总会有交叉和例外的情形"。[④]在财产法视阈下，土地权利体系远非物权法体系甚至民事权利体系所能涵盖[⑤]，有必要在比较物权与债权的过程中抽取若干区分要素，"以类

---

① 汪进元，高新平. 财产权的构成、限制及其合宪性 [J]. 上海财经大学学报，2011（10）：21.

② 马俊驹，梅夏英. 财产权制度的历史评析和现实思考 [J]. 中国社会科学，1999（1）：101.

③ 彭诚信. 主体性与私权制度研究——以财产、契约的历史考察为基础 [M]. 北京：中国人民大学出版社，2005：107-190.

④ 佟柔. 民法总则 [M]. 北京：中国人民公安大学出版社，1990：70.

⑤ 张金明，陈利根. 试述土地权利的财产法构造——以财产权二元性为基点对现行土地权利体系的反思 [J]. 经济经纬，2010（3）：153.

型学方法"重新构建财产权体系。①

6.4.1 财产权的核心要素抽离

在民事主体对财产的占有、使用、收益和处分过程中，其所追求或想实现的具体利益就是财产权。个人利益可以分为人格利益和物质利益。人格利益是个体作为主体存在所必需的身体和精神的依赖与基础，物质利益是个体参与的社会、经济生活。人们之间的差异通过身份的确认对外表现出来，身份制度可以调整结构化的社会关系，身份差异正是复杂的社会生活有序进行的调试点。②主体之间对物质基础的追求和支配构成财产权。在财产权的运行过程中，个体与社会拥有不同的主张和价值判断，这些主张之间有时互相满足，有时互相排斥。但这种关系不能依靠自发的调整，法律范式的介入需要确定合理的规则，以便更好地服务于财产权的功能。

财产权是对个体所拥有的具有经济价值的利益和权利的总称，它与权利主体的人格、身份相分离。大陆法系对人格权之外的财产权的界定通常包括物权、债权、知识产权以及其他无形财产权利。从上述分析可知，以历史为维度，绝大多数财产权都以土地权利为载体，土地是政治、社会和经济权力的根源。下文重点分析不动产财产权的核心要素。

（1）财产权的个体要素

所谓个体要素，就是以不动产财产权利主体的视角分析构成不

---

① 吴汉东. 财产权的类型化、体系化与法典化——以《民法典（草案）》为研究对象 [J]. 现代法学，2017（5）：37.
② 马俊驹，童列春. 论私法上人格平等与身份差异 [J]. 河北法学，2009（11）：48.

动产财产权的重要内容。

第一，所有权力。①作为支配权，所有权人享有对客体的圆满的权能。其可以自由决定对客体进行占有、使用、收益和处分，并排除一切外在非法定义务的干涉。这是其他权利的权源，也是所有权的本质。考虑到本书并不以集体土地的所有权作为论述重心，此处并不展开介绍。

第二，所有权的分割力。所有权人可以将其对物的管理、使用等权能分配给他人。分割后的权利与所有权性质完全不同，具有独立的性质和功能。在物之上，设定用益物权、担保物权或者债权，都是所有权的分割。而在团体法背景下，所有权呈现出不同的分割方式。如日耳曼的总有权，其对于土地的使用、收益权属于特定村落中的住民，土地的管理处分权能属于住民全体所在的村落。虽然其他共有关系因团体的弊端而逐渐消灭，但土地的共同利用还是一种本质的结合形态。再如建筑物区分所有权，包括所有权、使用权和管理权，这被称为一种团体法的分割形式。伴随着资本的利益扩张，公司制等拟制法人形态日渐扩大其范围，使得其关系日益复杂。将不动产财产权利入股，以让渡财产所有权的方式获得期待权，这也被称为团体法之分割形式。

第三，参与力。近代民法侧重规范自然人权利。不动产财产权人的参与力本质上是指在团体法背景下，个体在团体中所获得的权利，其表现为选举权、表决权、异议权和监督权等内容。"团体就是在一种利益或事业中联合起来的任何数目的人。其涉及团体决议时的决议规则以及对少数利益的救济。"②从结果的角度看，在社团

① 史尚宽. 物权法论 [M]. 北京：中国政法大学出版社，2000：2.
② 霍布斯. 利维坦 [M]. 黎思复，黎廷弼，译. 北京：商务印书馆，1985：174.

成员用投票的方式表明集体的愿望时，表决等参与权的行使决定了决议的效力。①

从本质来看，财产权中的身份属性与人身权中的人格、身份利益存在性质、内容等方面的巨大差异。从历史变迁过程来看，财产法呈现动态的变化过程，从单一的财产权发展到复合财产权。在传统的物债二元体系外，产生了"亦此亦彼"的新型财产权。其典型代表是股权，它突破了传统财产权的固有结构，打破了财产权单一形式的刻板印象，其权能既包含所有权中的收益、处分权，又囊括债权中的请求权。②所有权力和所有权的分割力是权利主体行使权利、获得物质利益、实现目的的手段和途径，参与力则更多的是权利主体行使权利时所需要具备的身份。因此，构成典型类型的特征之间会以不同维度重新组合，组合后的权利有可能偏离典型权利的常规特征，形成具有兼容性的混合性身份权、财产性人格权等非典型类型。③财产权中所蕴含的个体要素的比例决定了财产权的不同性格。

（2）财产权的社会要素

土地财产权的社会要素是个人权利的社会义务的呈现，承担着社会连带义务，即所有权的社会目标和价值目标。公平是社会关系的基础考量。当个体凭借天赋获得社会中的优势时，社会应该介入以消除因为外在资源所导致的不平等。社会据此获得了一定的干涉私人财产的正当性，以此调整和分配稀缺的自然资源和产品等。个体要素和社会利益各有不同的侧重点和主张，在实现

---

① 奥斯丁. 法理学的范围 [M]. 刘星，译. 北京：中国法治出版社，2002：162.
② 吴汉东. 财产权的类型化、体系化与法典化——以《民法典（草案）》为研究对象 [J]. 现代法学，2017（5）：35.
③ 李建华，王琳琳. 构筑私权的类型体系 [J]. 当代法学，2012（2）：88.

路径、表现形式、冲突解决机制和法律框定上都有所不同。社会调整财产权的能力决定了个体行为与社会利益的兼容程度，而法律范式则是对这种兼容的规范化表述。财产权与财产权的社会义务在此逻辑下形成了一个互相联系的整体，并作用于财产权利演进的连续过程。

6.4.2 个体要素与社会要素的协调

财产权的个体要素决定了权利的目的，社会要素决定了权利所应受到的限制，二者应当统一。我们需要设定一个复杂的机制来消除财产权运行过程中的不确定性、复杂性和内生的冲突，应确定以下两个原则：

（1）整体性原则

无论二者之间的冲突表现得多么明显，从现代法治理念来看，个体与社会已然成为相互促进、相互制约的统一体，二者共同服务于财产权的实现。我国对待二者的态度，从新中国的相关立法变迁中足以见证。只强调个体利益而忽视基本的政治制度、经济制度，与只强调社会整体利益而忽视个体利益，同样是不可取的。前者正如1949—1952年第一次土地革命结束后的中国农村土地制度，完全的土地私有带来了分而有之、统而无力。后者则如1956—1978年期间"一大二公"的纯粹公有制模式，大而失当、效率低下。历史经验表明，要把个体要素和社会要素作为一个整体来对待，哪一个都不可偏废。

财产权中的个体要素也要统一。如前所述，财产权中的个体要素可以依权利目的区分为不同的类型，存在某一因素为主导、某一因素补充适用的情形；如何确定两种要素的权利边界，合理确定各自在财产权框架下的要素占比，应坚持比例原则。当财产权中需要突出某个要素为主导时，在制度设计时，应优先考虑该要素，同时为相对次要要素的适用留下制度空间，使得二者之间保持适当的均衡。相对次要要素的适用决定了优先考虑要素的适用边界，以此保证优先要素的目的实现和不被突破。①在此原则下，对主导要素应以法律手段进行特别保护，防止其被突破。对补充适用的情形，也应保留必要的法律空间，以利于其发挥平衡功能。

（2）动态调整原则

二者的统一绝不意味着其地位的完全平等，在不同的历史时期，权利地位会发生转变，这种转变是优先性原则的体现。集体土地权利的功能转变正是不同的优先级决定了财产权的不同表现形式。对集体土地权利进行严格管制，体现出中国社会主义初级阶段所必需的公有制优先。而《农村土地承包法》《土地管理法》的修订对部分集体土地权利流转的态度转变，则体现出计划经济向市场经济转型时期的权利需求，鼓励农地适度流转成为优先考虑的社会政策。"三权分置""两权抵押"改革鲜明地体现了脱离农业文明的中国迫切需要发挥财产功能。发挥集体土地的沉淀价值，成为当前最重要的优先级选项。要根据财产权所要实现的目的来确定是个人利益优先还是社会利益优先，设置财产权利时必须坚持动态调整原则。

区分个体要素和社会要素的核心目的是明确财产权的不同功能，另外，还在于明确财产权的权利边界。对于需要充分发挥所有

---

① 陈军. 财产权、正当性及多元主义 [J]. 中南大学学报（社会科学版），2013（12）：137.

权或者使用权权能的权利，就要最大限度地以物的占有、使用、收益和处分为内容予以规范。对于以实现社会正义为目标，通过特殊的权利安排实现合理的社会秩序和特别的政治目标的权利，个体要素的考虑要少一些，而社会要素则要重点考虑。

6.4.3 财产权利类型化的标准选择

自罗马法开始，财产权利类型就处于不断扩张之中。立法者为了适应现实的需求，通常采取对已有财产权的扩张解释，以此兼容、调整新生的利益。也有打破固有权利分类模式的尝试，对于无法兼容的权利类型，通过创设新的财产权利进行规范调整。"交易双方的权利越明确，合作的可能性则越大，因监督和控制所需交易成本越低，因此财产法热衷于简单而又明确的所有权准则便可得到合理解释。"[1]随着社会的发展，财产权中财产性和人身性的利益占比逐渐发生了变化，个体要素和社会要素的强度也不断变化；从财产权价值的角度审视，财产的交换价值在交易环节取决于其中所包含的权利束，财产权受到的限制越少，交换价值体现得越高。[2]此时，需要构建矫正机制来平衡新的重心。

对财产权进行评价时，按照不同的正当性标准对复杂的财产权利进行判断是常用的手段。对财产权的类型化，需要根据财产权中内含的权利属性进行判断。财产是构建财产权利体系的目的，财产权是法律对财产上的利益的确认，财产利益则是一切财产权的共同

---

① 考特，尤伦. 法和经济学 [M]. 史晋川，董雪兵，译. 上海：上海三联书店，1996：136.
② 周林彬，于凤瑞. 我国农民财产性收入的财产权制度研究：一个法经济学的思路 [J]. 甘肃社会科学，2011 (4)：63.

指向，在此基础上，通过抽象的概念体系，将具体权利纳入上述各种权利范畴中。财产法的一个主要功能便是创造、保护以及促进这种交易结构。①财产法是一个开放的权利体系，法律的真实生命是其所调整的社会现实。财产权体系表现了私的财产制度的内部结构，财产权领域所发生的制度创新与变革从来就没有停息过。②我们应通过最大公约的基础，综合判断财产权的权利结构，容纳多种不同目的和价值观的财产要素。

借鉴民事权利体系中最基础的人身权与财产权的分类，在财产权内部也出现了人格财产化和财产人格化的发展趋向。"财产权是指存在于任何客体之中或之上的完全的权利"，财产权覆盖于所有财产之上，不区分有形财产或无形财产。③下文以不动产财产权为分析对象，以财产要素占比更高还是身份要素占比更高为区分标准，结合集体土地制度的特殊性，对其类型化标准进行分析。

（1）强身份型财产权利

该类型财产权利具有强烈的身份色彩，强调的是对个体基本生存权利的保障。因此，权利在设定、行使、流转甚至消灭时，应强烈依附于个体的身份属性。为了保证特定目的实现，此种权利通常面临较多限制，以此来突出对特定身份利益的保护。宅基地使用权就是此种权利的典型代表。还有一类偏身份型财产权利，是以个体要素为主，兼顾社会要素的权利。该权利在设定时，同样以成员的身份为前提，但是并不对其进行绝对限制。当权利在不同主体间

---

① 马俊驹，梅夏英. 财产权制度的历史评析和现实思考 [J]. 中国社会科学，1999（1）：101.
② 吴汉东. 论财产权利体系——兼论民法典中的"财产权总则"[J]. 中国法学，2005（2）：75.
③ 沃克. 牛津法律大辞典 [M]. 邓正来，等译. 北京：光明日报出版社，1988：729.

流转时，只要不改变该权利的实现目的和土地用途，即不对其进行限制。农民的土地承包经营权当属此类。

（2）弱身份型财产权利

该种权利以发挥物的财产价值为主要目的，适当考虑特定主体的利益分配。为了最大限度发挥物的价值，应鼓励以市场化的方式对其进行运作，同时考虑特定主体的利益，对其进行特别保护。集体经营性建设用地使用权就是此类权利。还有一种偏财产型权利，该权利以几乎完全的财产权利为模板框定权利内涵。该权利不以特定成员的身份为取得前提，不以特定的社会利益实现为设定目标。这是一种无限接近财产权利的集体土地权利，以招标、拍卖、协商方式取得的荒山等土地承包经营权即属于此种。

上述分类系考虑财产权的目的和关联因素而对其进行的整体评价，是对财产权利与身份相关性强弱的分析。强身份型财产权利以社会价值的实现为目标，以个体尊严的生活和体面的社会活动为追求。弱身份型财产权利致力于发挥物的价值，充分开发物质资源，促进社会财富的增长。从现实问题出发，在权利结构上，"三权分置"改革后的土地承包权作为一项强身份型财产权利继续发挥原有的保障功能；而对于新创设的土地经营权，应当纯化其财产权属性，着力将其推向市场。[①]通过解构不同权利的合理成分，可以构建一个多元主义的法律范式，以评价集体土地财产权利。在这样一个框架内，对不同成分以功能为标准进行区分，为其分配不同的权利、限制以及责任，以便使其发挥正面、积极的功能，使得财产权理论不仅是改造财产权的工具，更是解决现实问题的理论基础。

---

① 马俊驹，丁晓强. 农村集体土地所有权的分解与保留 [J]. 法律科学（西北政法大学学报），2017（3）：141.

综上所述，财产权是横跨政治社会与市民社会的桥梁。正如在罗马只有拥有财产才能跨越市民社会进入政治社会一样，拥有财产也成为政治权利对市民权利的反馈。对财产权的上述分析是自上而下的、从政治权利到市民权利的重要路径。中国财产权利的贫困以及之所以没有出现西方所有权的观念，原因在于中国的财产权利的诸多功能被分解在土地上。而土地除了作为重要的财产组成部分外，还承担了社会保障、社会管理以及赋税等多项职能。中国财产观念的贫困与财产功能的分解呈现出与西方完全不同的路径。如此就可以理解为什么在绵延数千年的中国历史上能够一直保存完整而不间断的文化和财富观念，以强制性制度变迁重构农村土地权利体系、赋予其充分的市场化内容，就成了最终的选择。[1]

---

[1] 高圣平. 论土地承包收益权担保的法律构造 [J]. 法律科学（西北政法大学学报），2015（6）：198.

7

社员权与成员权的基本框架：构成和类别

权利类型、内容应当与国家制度的特殊性相匹配。欧洲大陆法系国家在所有权制度变迁过程中，先后经历了罗马法的集体制度兴起到法国法的私权神圣，集体所有制度在这一时期被认为是反自然的，并被摒弃在价值体系之外。在随后的德国法时期，基于所有权的社会化趋势，产生了复数主体制度。但是，此时的复数主体制度以共有、法人以及其他非法人经济组织为范式，罕见集体制度的复兴。因此，集体所有制度在欧洲大陆法系国家所有权制度变迁过程中消失了，取而代之的是现行土地权利主体享有的财产性权利，并不存在基于自然条件、宗族姓氏聚集并获得社会保障的集体主体以及社员身份权。大陆法系国家和地区对社员权与成员权不做区分，也没有区分其价值。

因循大陆法系，我国民法通常认为社员权与成员权为同一概念。《民法典》第二百六十一条第一款规定："农民集体所有的动产和不动产，属于本集体成员集体所有。"这成为运用成员权制度解决我国集体土地主体权利来源的法律依据。但是，财产归成员集体所有只是表彰财产的所有权归属，并不意味着能将集体成员的权利等同于成员权。该条文仅是对集体所有制的进一步明确，内涵为所有权框架内表彰主体的复数性和身份特征，不能想当然地认为针对所有权主体的表述可以成为涵盖他物权范畴的属定义，不能笼统地用一个成员权概念涵盖两种不同功能的权利，尤其是在兼有身份资格与财产属性的集体土地上，因为这会人为造成理解上的模糊不清。更重要的是，单一的成员权概念缺少对成员资格的认定和权利的确认标准，对集体经济组织成员的权利和村民自治的权利之间的关系也未能厘清，因此，难以在集体土地流转的大趋势下，明晰保障功能和财产功能之间的界限，实现利益衡平。当权利受到侵害时，还会因为权利性质的混同而混淆救济的手段。

观念变化、功能改变决定了权利类型的再次变化，权利类型的变化反过来又要适应新的观念和功能。从权利生成的进程看，权利兼有内向性和外向性。内向性是指主体的内在需求反映在权利表达之间的互动关系；外向性是指表达出来的权利与客观世界之间相互作用形成的法律秩序，其中的客观世界既包括其他民事主体，也包括权利指向的客体。①市民社会的成员与市场社会的成员之间是截然不同的。集体土地上的权利应依不同的取得方式而区别对待。基于保障功能和村民资格而享有的土地权利，称为社员权，权能受到较多身份资格的限制；而对基于流转、支付对价而取得的土地权利，称为成员权，应视其为一种完整的财产权利，赋予其更多的制度选择。区分集体土地上两种不同的权利，是中国土地制度特殊性的要求，也是制度创新、改革的基本前提。为了厘清权利边界，本书对社员权与成员权进行了区分。社员权更偏向于集体社群中的身份凝聚，成员权更偏向于市场社会中的财产权利。

7.1 社员权与成员权的内涵诠释

7.1.1 团体的范围框定

社会主义公有制的实现形式就是以组织行使和经营方式为维

---

① 李建华，王琳琳. 构筑私权的类型体系 [J]. 当代法学，2012（2）：87.

度，对社会主义公有财产运行的规律发现。①社员权与成员权的区分应以团体的存在为前提，团体的范畴框定决定了社员与成员身份取得的正当性。根据《民法典》《土地管理法》《农村土地承包法》《村民委员会组织法》等法律的规定，我国现行法律中涉集体土地的团体主体通常表现为集体所有、农村集体经济组织、村民委员会和农业合作社等。

（1）集体所有

从根本经济制度来看，农村土地是集体所有制中最重要的经济基础。农村土地集体所有制的实现形式是农村基本经营制度，土地承包经营权的基础是农村土地集体所有权。坚持农村基本的经营制度，推进集体土地制度改革，就必须坚持农村土地集体所有。②这项基本制度决定了我国集体所有权立法以及集体土地制度改革必须坚持和反映社会主义公有制。③

（2）农村集体经济组织

农村集体经济组织是社区性集体组织，按村或村民小组设置。《民法典》第一百零一条和第二百六十二条明确规定，农村集体经济组织依法代表集体行使集体所有权。对于没有设立农村集体经济组织的，则由村民委员会代表农村集体经济组织行使相关职能。《民法典》的相关规定明确了农村集体经济组织可以成为私法中权利主体的法律地位，助力农村集体所有权回归私权本性。④

---

① 唐未兵. 公有制实现形式研究［M］. 武汉：湖北人民出版社，1999：88-89.
② 中共中央文献研究室. 习近平关于社会主义经济建设论述摘编［M］. 北京：中央文献出版社，2017：173.
③ 高飞. 集体土地所有权主体制度研究［M］. 北京：中国政法大学出版社，2017：147-148.
④ 高飞.《民法典》集体所有权立法的成功与不足［J］. 河北法学，2021（4）：9.

（3）村民委员会

作为村民自我管理、自我服务、自我教育的基层群众性自治组织，村民委员会应有效区分行使自治职能和尊重集体经济组织经济活动自主权，维护农村基本经营制度，保障自治范围内民事主体的合法财产权益和其他利益。从性质来看，农村集体经济组织和村民委员会都属于《民法典》中确立的特别法人。但是，农村集体经济组织属于经济组织，其功能和目的在于将生产资料归属于农村社区成员集体，并采取不同的经营方式来实现集体经济的发展；而村民委员会则属于社会组织，其价值和功能主要在于实现村民自治。①

（4）农业合作社

农业合作社是合作经济制度的载体。农业合作社是农民依据不同目的，结合具体情况，从事合作经济活动的经济组织。具有现代意义的农业合作社自20世纪20年代起步，延续至今，其法律地位和权利义务由《中华人民共和国农民专业合作社法》予以明确。②以市场为核心的农业合作社制度，为解决农民的生产资源不足、信息获取不畅、公共事务处理以及融资困难等提供了多层次的基层解决途径。

（5）本书的观点

在团体法下，社员与成员的权利和义务均来自对团体的确认。无论是农村集体经济组织、农业合作社还是村民委员会，其在法律上、实践中都有作为私权主体的适用，但是作为权利来源的团体不能是模糊的、多元的。从制度变迁的视角来看，无论是人民公社时

---

① 陈甦. 民法总则评注 [M]. 北京：法律出版社，2017：710.
② 杜静元. 中国农业合作社的演进历程及发生机制 [J]. 求索，2019（2）：151.

期还是城镇一体化加速的当下，地区性合作经济组织和股份经济合作社等均是法律框架下的农民集体的表现形式之一。作为上位概念，农村集体经济组织与农民集体同义。①农村集体经济组织在《民法典》第九十九条中也被明确赋予了集体土地所有权的行使主体地位。因此，本书所分析的社员权与成员权的权利均以农村集体经济组织作为团体指向，我们在农村集体经济组织范畴内讨论社员权与成员权的相关问题。

7.1.2　社员权的主体身份认定

社员权是指基于集体社员身份而享有的权利。该权利依赖特定身份的存在而存在，以集体社员的身份作为享有社员权的前置条件，身份制约构成了土地承包经营权的鲜明特征。②基于朴素的公平观和乡规民约的限制，较少有非集体社员享有社员权，这就意味着社员权不能脱离身份而流转。

（1）社员身份认定的理论学说

我国现行法律中并未明确界定"集体经济组织成员资格"这一法律概念。③在实践中，对社员身份以下列三种方式予以判断：

①登记主义

登记主义采取严格的户籍登记作为判断社员身份的标准。登记主义能够在标准一致的前提下实现对集体社员的资格认定。在城乡

---

① 高飞.《民法典》集体所有权立法的成功与不足 [J]. 河北法学，2021（4）：10.
② 周应江. 论土地承包经营权的身份制约 [J]. 法学论坛，2010（4）：151.
③ 那艳华，荆珍. 城市化进程中农村集体经济组织成员资格确认问题分析 [J]. 东北农业大学学报（社会科学版），2012（4）：140.

二元制背景下，以户籍所在地是否在某一村组作为判断一个人是否具有社员身份的标准具有一定的普适性。长期以来，人们习惯上依照户籍确定集体社员资格。对于习惯的确认也是法秩序生成路径之一。但是，在城乡一体化背景下，农村人口的多向流动使得社员稳定的身份受到了冲击，人户分离、人地分离的情况频繁出现，也出现了空挂户、寄挂户等特殊情形。而长期在户不在村的社员也会影响社员权利的行使和集体经济组织的利益。更重要的是，户籍管理制度作为行政管理手段，体现的是行政区划的要求，将其与集体社员身份的确认挂钩，实质上是以行政手段确认集体社员的经济利益，有可能会损害集体社员的利益。

②实质判断主义

实质判断主义主张以是否在某一村组长期居住为标准来确定社员资格，在实践中，可以具体化为以是否以集体财产作为生活来源保障为标准。集体土地保障功能的制度设计决定了集体社员与集体经济组织之间的紧密联系，这是以发挥土地的保障功能为路径的。以功能保障的覆盖倒推集体社员的身份，不失为一种符合我国国情的判断标准。但是，实质判断主义的弊端也较为明显，其标准具有模糊性，司法成本过大，难以单独解决有户无地情况下的资格认定难题，也与"增减不变"的土地政策相冲突。

③折中主义

折中主义观点认为，从我国集体经济组织社员共同生活的自然共同体特征出发，以集体的保障功能和身份属性为基础，综合平稳有序的生产和生活，以常住户口登记作为判断集体经济组织社员的基本条件。考虑到城市化进程中的农村富余劳动力流动趋势，日益经济实体化的农村集体正在试点赋予外来经营者以集体社员身份。折中主义可以灵活有效地解决社员身份判断问题，基于保障原则和公平原则确立资格取得的客观标准；以系统论的视角确定特定农业人员集体经济组织成员资格，将成员资格的取得、丧失以及特别情形下的处理作为整体来把握，考虑各种因素后进行综合分析判断。①折中主义是一种较为科学、完善的判断标准。它综合考虑了固定生活与户籍登记制度，通过开放式框架涵盖集体社员身份认定的特殊情形，具有全面性和灵活性。本书对社员身份的认定亦采用这种标准。

（2）社员身份认定的标准

农村集体经济组织判断社员的标准主要是户籍、成员对集体所尽的义务、是否享有土地使用权以及是否有长期居住的事实，婚姻、出生、收养等也可以成为判断农村集体经济组织社员的资格标准。②这种标准可以较好地解决户籍功能日益弱化背景下的集体经济组织社员身份认定问题，也有利于规制村民委员会利用制定村民规约、自治章程等隐性地侵害集体经济组织社员利益的行为，有利于解决司法实践中对农村集体经济组织社员的资格认定问题。

7.1.3　成员权的主体身份认定

基于前述分析，成员权所享有的权利为纯粹的财产性权利。依照现有的不动产领域立法内容，成员权的主体身份并无过多限制，

---

① 最高人民法院民事审判第一庭. 最高人民法院农村土地承包经营纠纷案件司法解释理解与适用 [M]. 北京：人民法院出版社，2005：294.

② 刘高勇，高圣平. 论基于司法途径的农村集体经济组织成员资格认定 [J]. 南京社会科学，2020（6）：87.

并不考虑该成员与农村集体经济组织之间的居住关系、保障关系、户籍关系和权利义务关系等。但是，需要其在获得土地经营或者利用权利时，以农业生产作为目的。民事主体通过民事法律行为，设定或者继受取得相关土地权利，也可以源于继承等法律事实而具备成员的主体资格。从民事主体三分法来看，成员权的主体可以是自然人、法人或者其他组织形式。从成员权的主体营业内容来看，可以是农业生产大户、农业科研院所、农业生产者、农业服务者以及其他农业从事者。从成员权的主体目的来看，可以是农业种植、乡村旅游、农家乐、农业养殖户等。概括而言，基于继受取得的土地权利大多属于成员权。其中，既包括集体经济组织社员基于土地入股等行为而拥有成员权，也包括非集体成员基于出资拥有土地而享有成员权。若引申之，成员权则表现为一种行为模式和外在资源的分配方式，对所有主体都是同等的，可以转让，多隐藏于股权、合作社、合伙权利等背后。

非社团成员即使与社员之间存在其他法律关系，也不得代位行使社员的权利。但是，基于财产利益的实现和债权的相对性，成员权可以流转。成员权的债权人或者抵押权人可能在特定情况下，参与成员权中有关土地权利的行使，保护债权人或者抵押权人的利益，实现债权或抵押权的保全。

基于现行法律和政策的规定，对于耕地、草地、林地等，既可以基于社员权得到分配，也可以基于流转成为成员权的客体。唯独对于乡镇村企业建设用地存在区别。乡镇村企业建设用地制度在农村土地利用历史上，较为特别，缺少规范，短时间内经历了自由、冒进、收口、禁止的过程。因此，在我国南方部分地区，存在大量短期内突击形成的乡镇村企业建设用地使用权。关于该使用权的分配,《民法典》做了简单的规定,乡镇村企业建设用地不能单独抵押,上面如果有厂房,可以进行厂房抵押,其所依附的土地随同房屋一同抵押。一旦抵押权面临实现,对取得抵押物的主体则未做限制。在实践中,存在将其保留集体土地性质入股和转为国有土地两大类做法。因此,在乡镇村企业建设用地使用权问题上,需要具体情况具体分析。

7.2　社员权与成员权的类别框架

集体社员和成员的农地权利来源主要依据《民法典》《农村土地承包法》《土地管理法》《村民委员会组织法》的相关规定,下文细化社员权和成员权的权利内容。

7.2.1　社员权的权利框架

（1）取得权

权利的取得是法律对权益的赋权和确认。作为集体经济组织社员,其享有不同类型集体土地的利用权利。《民法典》第五十五条、第三百六十二条、第三百六十六条、第三百七十七条,《土地管理法》第十三条,《农村土地承包法》第五条等,都明确规定了集体经济组织社员享有土地承包经营权、宅基地使用权、居住权、地役权等权利。由此可以确定,集体经济组织社员的取得权包括土地承包经营权的获得、宅基地使用权的无偿分配以及在上述土地利用权利之上设立的居住权和地役权等。

（2）优先权

《农村土地承包法》第四十七条①赋予集体经济组织社员同等条件下的优先承包的权利。

（3）流转权

《民法典》第三百三十四条、第三百三十九条、第三百六十九条、第三百七十八条、第三百八十条，《农村土地承包法》第十条、第三十二条、第三十四条、第四十七条等，都明确规定允许集体经济组织社员对集体土地的利用权利进行互换、转让、出租、入股、抵押和赠与等行为。

（4）参与权

① 知情权

私法领域的知情权体现在债法、婚姻家庭法、公司法、合伙企业法等领域中，是一种综合的要求知悉、获取特定信息的权利。团体法中成员享有一系列基本权利，而基本权利的行使必然会衍生出一系列必要的子权利。从权利的双向推定来看，子权利或者普通权利也可以反向推出更为抽象的基本权利。②《民法典》第二百六十四条明确赋予集体社员以知情权。集体经济组织社员有权要求了解集体财产情况，有权要求查阅、复制相关资料。

② 征收补偿分配权

《民法典》第三百三十八条、《土地管理法》第四十八条、

---

① 《农村土地承包法》第四十七条规定，以其他方式承包农村土地，在同等条件下，本集体经济组织成员享有优先承包权。
② 曹艳春. 知情权之私法保护 [J]. 政治与法律，2005（4）：93.

《农村土地承包法》第十六条都明确规定了集体经济组织社员在土地被征收、征用、占用时，有权依法获得补偿。

③ 重大事项决定权

团体决议是团体成员的多数个别意思的偶然结合。[①]《民法典》第二百六十一条、《村民委员会组织法》第二十四条明确界定了集体经济组织社员对法定事项的集体决策权。围绕承包人之间承包地的调整、土地承包方案、集体出资企业的所有权变动、土地对外发包、集体经济项目的立项、土地补偿费的分配、享受误工补贴的主体及标准、集体收益的使用、公益事业的兴办、宅基地的使用方案、集体财产的借贷和租赁等事项，要充分实现村民自治和社员自决。

④ 撤销权

《民法典》第二百六十五条，《村民委员会组织法》第二十三条、第三十六条，赋予集体社员（村民）请求撤销侵害其合法权益的不适当决议和决定的权利。

⑤ 监督权

《土地管理法》第四十九条，《村民委员会组织法》第二十三条、第三十条，都赋予集体经济组织社员对征收补偿、村民委员会年度报告、村务公开事项的监督权。

（5）继承权

《农村土地承包法》第三十一条规定，依照继承法的规定，承包人应得的承包收益可以依法继承，但是此处可继承的客体并不包括土地承包经营权。承包林地的人死亡，其继承人可以在承包期内

---

① 叶林. 商行为的性质 [J]. 清华法学，2008（4）：51.

继续承包。

（6）自治权利

① 选举权

《村民委员会组织法》第十一条明确规定，村民委员会主任以及村民委员会副主任和委员，按照自治原则由村民选举产生。

② 自治权

《村民委员会组织法》第二十七条规定，村民会议依职权可以制定和修改村民自治的规范性文件，包括村民自治章程和村规民约等，报乡、镇人民政府备案。第二十一条规定，村民会议由本村18周岁以上的村民组成。由此可见，乡规民约等自治性规范的缔结专属于村民。

7.2.2　成员权的权利框架

（1）取得权

作为非集体经济组织社员，可以根据《土地管理法》第十三条，《土地承包法》第三条、第四十九条的规定，对不适宜家庭承包的荒山等可以通过公开协商、招标和拍卖等方式进行承包。此种取得作为原始取得方式之一，不依赖其他已有权利作为前提，具有较高程度的独立性。

（2）流转权

《民法典》第三百四十二条、第三百六十九条、第三百七十八条、第三百九十八条，《土地管理法》第六十三条，《农村土地承包法》第四十九条，都赋予成员以出租、入股、抵押等权利。

（3）收益权

《民法典》第三百四十条和《农村土地承包法》第三十六条都规定，土地经营权人在合同约定的期限内有权行使农村土地的占有权利和收益权利。

（4）参与权

相比社员权，成员参与权存在明显的权利缺失。基于土地的不可移动和乡村熟人社会特征，成员权的缺失将有损成员财产权利的行使和救济。因此，建议赋予成员以监督权、重大事项表决权和撤销权等参与权。

① 监督权

对涉及成员利益的集体土地征收补偿、分配、补贴补助资金的使用情况，予以监督。

② 重大事项表决权

对涉及成员利益的集体承包地调整方案、土地征收补偿方案、本村公益事业的兴办和筹资筹劳方案以及建设承包方案、公共基础设施利用方案等，享有表决权。

③ 撤销权

对侵害成员利益的表决事项的不当决议，有权申请撤销。

（5）继承权

《农村土地承包法》第五十条规定，对于非以集体经济组织家庭身份获得的土地承包经营权（通过招标、拍卖、公开协商等方式取得土地经营权），承包人死亡时，对其应得的承包收益可以继承；在承包期限内，该承包人的继承人可以继续承包。

社员权与成员权权利内容的比对如图7-1所示。

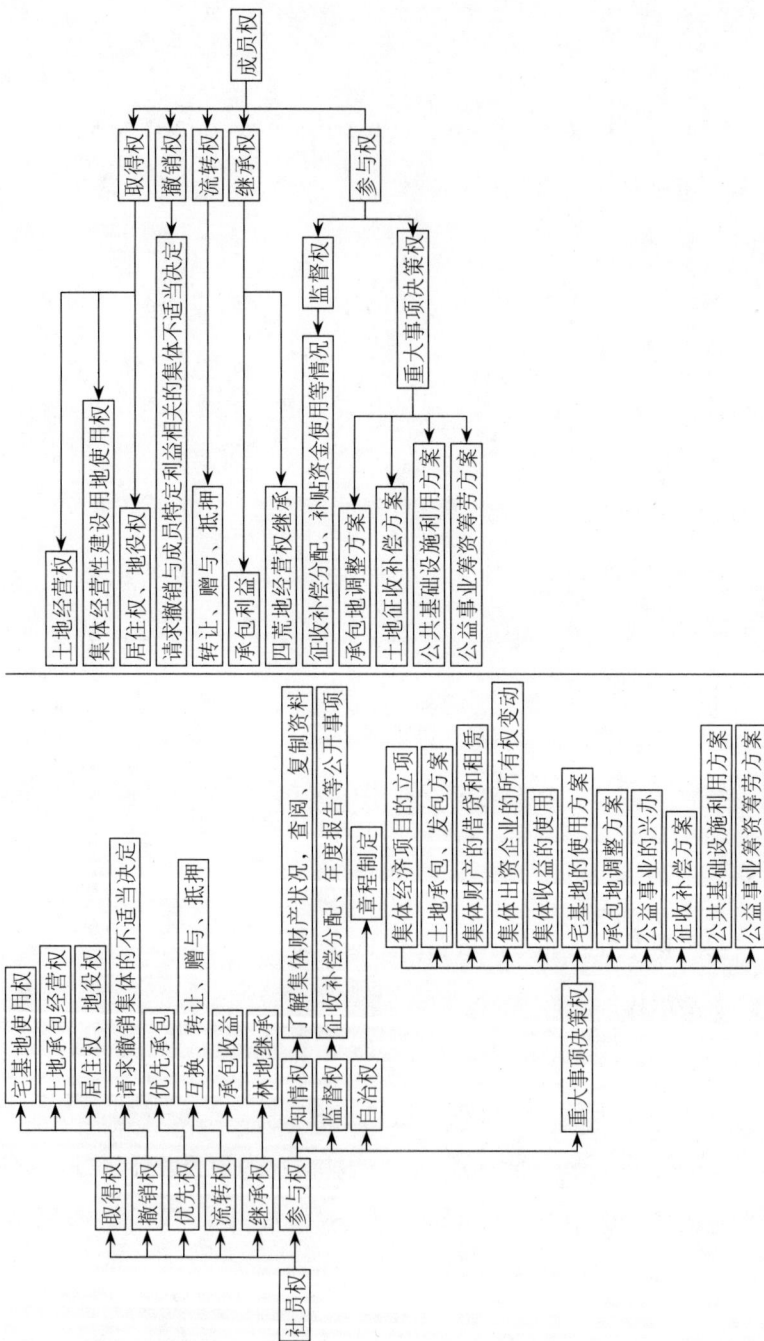

图7-1 社员权与成员权权利内容的比对

8

社员权与成员权的行使、救济与限制

8.1　社员权与成员权的行使

民事权利也称"权利"或"私权"，系指得享受特定利益的法律上之力。[1]民事权利不会自动实现，必须通过当事人具体的实现民事权利的内容，也就是民事权利的行使来实现。[2]权利的享有主体、权利的内容要素以及权利受到侵害时的保护手段，均需要借由权利的行使才可实现。权利行使就是权利人为实现权利的权能而实施的活动。既要关注权利设定的目的和功能，又要明确权利行使的规则。考虑到权利种类的丰富多样，权利行使也存在不同的方式。有些权利需要以法律行为方式实现其目的，如法定代理人对无民事行为能力人所订立的合同行为的代理等；有些权利需要以事实行为引起发生、变化或者消灭，如农民在土地上耕种、收获庄稼等。[3]

对于行使社员权与成员权的研究，首先应考虑其权利行使的分类标准。从社员权与成员权的内容与性质来看，在民法框架内契合的分类标准并不多。其一，是以自益权和共益权的方式进行分类。其二，是以法律行为和非法律行为的方式进行区分。共益权主要是指集体事务的决定权和监督权、代位诉讼的权利以及参与拟定集体章程的权利和选举代表人的权利等。自益权是指为了实现个体在集

---

① 施启扬. 民法总则 [M]. 台北：三民书局，2010：48.
② 佟柔. 中国民法学·民法总则 [M]. 北京：人民法院出版社，2008：49.
③ 郑冠宇. 民法总则 [M]. 台北：瑞兴图书股份有限公司，2014：198.

体所有权上的利益而由集体成员行使的权利。①大多数观点认为，应当参照自益权与共益权的方式进行区分，论述两种权利的行使要件。

但是，本书认为，自益权与共益权通常系对公司股东所持有股权行使的理论分类。自益权是以个人利益为出发点的权利行使。虽然在客观上也有使整体受益的可能，但是出发点仍然是个体利益，例如股利分配请求权、增资优先认缴权和剩余财产分配权等。共益权是以整体利益为出发点，但其终极目的仍然是个人利益的增多，例如股东代表诉讼、解散公司诉讼等。共益权与自益权是对股权的分类，股权的母权利则是成员权，其更偏向于财产性权利的行使。所以，自益权与共益权的分类标准难以反映社员权和成员权独特的性质和内容。此外，自益权和共益权本身就是非周延的权利分类，在很多情况下，很难区分权利的行使到底是自益还是共益。

关涉社员权和成员权权利行使的私法规范，应尽量利用已有的集体内在制度和既有的外在民法制度，②以调适农民集体内部法律关系，避免以自益权和共益权的分类为逻辑主线，而应回归到民事法律关系的基础。能够引起民事法律关系发生、变化和消灭的因素分为行为和事件。事件对社员权与成员权行使的影响是无差异的，因此本书关于权利行使的论述就是在民事权利体系框架内，围绕民事法律行为和非民事法律行为展开的，以明晰两种权利之间的差别。

---

① 王利明，周友军. 论我国农村土地权利制度的完善 [J]. 中国法学，2012（1）：53.
② 奥尔森. 集体行动的逻辑 [M]. 陈郁，郭宇峰，李崇新，等译. 上海：上海三联书店，1995：64-120.

8.1.1 社员权的权利行使

（1）基于民事法律行为行使

①土地经营权的设定

自土地承包经营权"三权分置"试点以来，直至《民法典》《土地管理法》《农村土地承包法》等规定，都确立了土地经营权的权利属性和法律地位。土地承包经营权人可以自主决定采取多种方式流转土地经营权。土地承包经营权人与他人之间通过约定方式，实现对土地经营权的设定和流转。土地经营权的设定需满足现行民法体系下对民事法律行为要件的要求。

土地承包权人也可以通过将土地承包权入股（社）的方式对土地利用权利进行处分。集体社员通过让渡财产处分权的方式参与团体活动。在团体中，该社员失去了其入社财产的控制权，获得了相应的表决权。就权利形成的机制来看，无论是集体社员将其财产入合作社抑或入股公司，都是以土地经营权入股。在"三权分置"框架下，理应认为该种行为属于经营权的分置。该种经营权的设置系依承包人的意思表示而为，应属于基于法律行为而设定，应遵循民事法律行为的相关规制。

②宅基地使用权的内部流转

《土地管理法》明确规定，宅基地使用权具有保障性和身份性，集体经济组织社员有权按照标准申领宅基地使用权。宅基地使用权可以在集体经济组织内部流转，但在集体经济组织范围内一户一宅，其面积也不得超过相关的标准。集体经济组织社员将宅基地使用权流转给本集体经济组织其他社员后，不得再申请宅基地使用权。转让方和受让方对宅基地使用权的内部流转，虽然在效果上发生了宅基地使用权初始取得的效力，但是在流转过程中当事人之间意思表示达成一致，属于依民事法律行为而设定的权利。对于该行为的效力评价和保护均应按照民事法律行为的相关规定展开。

③居住权和地役权的设定

《民法典》创新性地规定了居住权制度。根据《民法典》的规定，居住权人有权按照约定的权利内容，对他人的住宅进行占有、使用。从《民法典》的体例安排来看，其属于用益物权，是为了满足生活居住的需要。按照法律解释的方法，此处并未将住宅进行限定，集体经济组织社员也有权在自己的住宅上设定居住权。居住权的设定由当事人双方就一般条款达成一致后，经登记而设立。因此，集体经济组织社员在自己宅基地上的房屋设立的居住权，也属于基于法律行为而设定。

与居住权相对应，我国在2007年发布的《物权法》中，就确立了地役权制度。地役权是为特定土地的方便和利益，而在他人土地上设立的役权。《民法典》沿袭了地役权制度的相关规定，又有所创新，将地役权设定的客体扩大到不动产，而主体未做限定。因此，集体经济组织的宅基地使用权人、宅基地上房屋的所有权人、土地承包经营权人和集体经营性建设用地使用权人都有权按照合同的约定，利用他人的不动产，以提高自己的不动产的效益。集体经济组织社员为了最大限度地发挥自己不动产的价值，可以通过与他人订立书面合同的方式，设定地役权。

上述社员权利的行使均是依法律行为行使，需要符合民事法律行为的构成要件。这也就意味着，对上述行为的效力回归到民事法律行为有效的形式要件和实质要件判断上。从形式要件分析，当事人的意思表示要真实；符合法律法规的强制性规定，符合法定的形式要件。上述任何一项要件欠缺，均会导致法律行为效力的瑕疵。从实质要件分析，当事人需要具备相应的行为能力。行为能力要件欠缺，将影响上述行为中基础行为的效力。从交易对价来看，多数行为应是有偿行为。上述判断标准有利于厘清社员权利行使过程中的效力争议。

（2）基于非民事法律行为行使

事实行为，出生或者死亡、时间的经过、意外事件等，能够引起法律关系发生、变化和消灭。在民法理论中，将其认定为非法律行为。非法律行为与法律行为最大的区别在于主体的意思表示并非核心考量要素。集体经济组织社员的下列权利取得，均与特定的身份相关：

①土地承包经营权的家庭承包

土地承包经营权是我国集体土地的根本利用制度，也是双层经营体制下的制度创新。集体范围内的耕地、草地、林地等土地，符合农业用途的，均为土地承包经营权制度的适用对象。该权利依附于集体经济组织的社员身份，其行使应符合法律规定。集体经济组织社员对本集体发包的土地享有优先承包权。

②宅基地使用权的初始取得及灭失

宅基地使用权的初始取得都与特定身份密切相关。宅基地使用权人依法向集体申请宅基地使用权。从土地利用目的来看，使用权人对该土地享有占有、使用的权利，也有权用该土地建造建筑物、构造物等。宅基地使用权人凭借集体经济组织的社员身份无偿分配，宅基地使用权没有期限限制。宅基地使用权人将宅基地使用权流转后，不得再申请宅基地使用权。对于进城落户的农村村民，国家鼓励其依法自愿有偿退出宅基地。宅基地因特殊原因灭失的，该宅基地使用权因客体灭失而消灭。失去宅基地的集体经济组织社员有权重新申请宅基地使用权。

③重大事项表决权

集体所有权的基础性存在决定了集体经济组织社员天然具有具体事务的重大事项表决权。涉及集体土地承包方案、承包地调整、集体企业的所有权变动、集体经济收益的使用、处分村集体财产等行为，必须经本集体社员讨论决定。集体社员亦享有选举权和被选举权，有权参与乡规民约的制定。该权利专属于集体经济组织社员，不可转让，但是可以委托代理人行使。权利行使时，应坚持一人一票原则，按照法律、章程或者乡规民约的规定形成集体决议。

④知情权、监督权、撤销权

对集体事务，集体经济组织社员享有监督权、知情权和撤销权。集体经济组织社员有权要求了解集体财产情况，有权要求查阅、复制相关资料，监督村民委员会年度报告、村务公开事项，也可以请求撤销侵害其合法权益的不适当决议和决定。集体经济组织社员有权对集体事务提出建议，对执行机构提出质询和监督。建议可以通过口头或者其他方式提出。监督权行使时，应符合特定主体的要求，要以书面形式在规定的时间内提出，由接受质询的机构予以公开回复。

⑤收益分配请求权

农民集体因对集体所有的动产和不动产的使用、收益和处分所累积的盈余，应向集体社员进行分配。该盈余的来源包括土地发包、土地征收补偿以及集体经营活动等。社员有权要求获得上述收益分配，权利行使应符合章程或者乡规民约构建的分配机制。

⑥继承权

承包人应得的合法承包收益，依照《民法典》继承编的规定可以继承。对林地享有承包权的承包人死亡时，其合法继承人可以在承包期限内继续承包。宅基地使用权不允许继承，但是宅基地使用权上的房屋财产权可以继承，继承人依继承事实发生取得上述财产权利（权益）。

（3）社员权行使的共性规律

特定的法律事实是该权利存在的基础。只要集体经济组织在，作为社员就有社员权，就有获得集体土地分配、涉地表决等权利。无论社员是否居住于本集体，以及是否在本集体拥有财产，都不妨碍社员权的存在和行使。从民事行为能力与权利能力的角度考虑，社员权的取得只依集体经济组织社员认定的法律事实而为判断。无论是农村土地承包经营权的原始取得，还是宅基地使用权的原始取得，都是基于集体社员身份。这种身份的获得不需要考虑行为人的行为能力、权利能力以及意思表示是否有瑕疵等问题。

社员权具有不可剥夺性，在集体经济组织内部享有的权利广泛而普遍。集体社员可以要求分配集体所有的土地使用权，可以对土地外包、土地调整等事项行使村民大会的表决权，可以对征收补偿、集体资产红利分配等行使分配权，可以对集体经济组织的财务状况行使监督权，可以对村集体的决议事项行使异议权；村民代表还有向法院提起诉讼要求撤销村委会决议的起诉权。社员权的上述权利原则上要求集体成员亲自行使。

社员权中包含一定的财产性权利，但是该财产性权利在未被分配之前，是一种抽象的、概括的权利。该权利原则上不能与特定身份主体相脱离，不能委托，不能转让，也不能继承。但是在具体化、分配后，该权利是可以转让的。作为以资格为主的社员，其面临较多的私法、公法、习惯的束缚。按照《农村土地承包法》的规定，全家迁入设区的市，转为非农业户口的，需要收回承包地。外嫁妇女未获得新承包地的，不得收回。全家迁入小城镇的，可以不收回。一旦交回承包地，在承包期内不允许再行申请承包地。因此，社员权的进入、退出均较为复杂。

农村土地法律制度的特殊性在于兼具财产性质和社会保障性质。对于集体经济组织社员而言，其无偿获得土地承包经营权，是在特定历史条件下对农村社会保障缺失的补偿手段。集体社员身份带来的权利，重大事项、重大利益的集体内部分配，有利于维护农民的合法权益，保障农民的基本生活水平。因此，社员权强调权利的身份属性和不可剥夺属性，其作用在于维护农村土地的社会保障性质和贯彻集体所有的基本政治制度，保障集体社员对集体事项的重大影响力。

8.1.2 成员权的权利行使

（1）基于民事法律行为行使

①非保障功能的土地承包经营权设定

对于荒山、荒沟等不具备保障功能的集体土地，不适宜作为以家庭方式获得的承包权客体，可以采取公开协商、招标、拍卖等方式承包。对上述土地而言，这是民事权利的初始设定，考虑其对受让主体并无身份的限制，该权利也并无社会保障功能。该种承包经营权的权利属性应为成员权，系依法律行为获得。

②土地经营权的流转

集体经济组织社员将其土地承包经营权通过转让、出租等方式流转给其他社员，其他社员取得的是具有期限性的财产权利，应属于成员权的行使。获得土地经营权的主体将土地经营权再度流转、抵押、入股、转让等行为，都为依法律行为而行使权利。因此，成员权在行使过程中，民事主体的年龄、精神状况、民事行为能力、意思表示的真实性等都会影响行为的效力。若民事主体不具备相应的能力，则相应的债权行为的效力要受到质疑，行为能力也会对物权登记效力产生影响。不同的要件要求决定了不同的法律地位和技术处理方法，集体经营性建设用地使用权的取得和流转也依上述规定认定其性质。

（2）基于非民事法律行为行使

成员的监督权、特别事项表决参与权、知情权、撤销权、继承权等，与其所具有的资格密切相关，是民事主体通过流转、抵押、出资等方式加入某一个团体后而享有的权利。基于出资行为赋予成员身份资格，其才能享有相关的权利。虽然从表征上看，成员的上述权利来源与社员的权利来源相仿，但区别很明显。社员权的权利来源是特定身份的认定。其认定标准和认定方式具有鲜明的自治功能和行政管理色彩。成员权的权利来源并非身份，而是资格，是基于出资、入股等行为赋予其在团体中的成员资格。该资格强调的是可以凭借特定财产关系及财产利益而享受某些权利。资格与身份的区别决定了社员权和成员权权利行使的面向和内容有所不同。

（3）成员权行使的共性规律

对土地财产价值的发挥是成员权制度最基本的价值判断。受其财产属性约束，该权利可以转让、委托行使和继承。在集体土地所有权、使用权、经营权分离后，土地经营权允许抵押、入股，就可能面临抵押权的实现和破产清算等后续问题。将其定位为财产性的成员权，可以保护因出资行为而享有的期待权，有效地运用《中华人民共和国公司法》《民法典》《中华人民共和国企业破产法》等相关法律解决实践中遇到的问题。

成员权主体享有对合法获得的集体土地的占有、使用、收益和处分的权能，其可以自由决定土地经营方向、经营策略，不受其他人非法干涉。成员权主体也享有临近土地的必要使用权，对集体所有的水库、水利设施也有申请使用的权利。成员权主体并非村民自治主体，村庄传统纠纷解决方式对其约束力极差，而正式的行为调整规范还是缺位状态，因此，应进一步完善成员权的相关内容，完善土地利用、土地调整、公共基础设施利用、土地征收补偿、土地纠纷解决等方面的决议行为。与社员权相比，成员权主体的进入和退出相对自由，退出机制较为明确。

8.1.3 权利行使的比对分析

基于上述分析可以看出，在农地流转过程中，区分社员权与成员权的不同权能，能够较好地厘清土地流转中利害关系人的权利边界，有利于保护各民事主体的合法权利。该理论也为正在推行的农地"三权分置"提供了理论基础。所有权、承包权、经营权的相互分离使集体土地上的权利内涵更加明晰。所有权归属于集体，保持了制度的稳定与延续；承包权归属于集体社员，明确了集体社员基于身份而享有的不可剥夺的权利，有利于保护土地流转后农民的利益；经营权的独立则使得土地的财产权利得以最大程度地发挥。通过流转获得经营权的主体获得了与土地经营有关的成员权利，也使其行使基于占有土地而产生的表决权、分配权等权利具有正当性。通过合理区分社员权与成员权的权能，进而构建承包权-经营权相分离的制度，能够较好地解决土地流转后产生的权利冲突，在保护集体社员福利的同时，又能发挥土地的财产性价值。同理，这对于宅基地制度改革和集体经营性建设用地制度改革而言，同样有着重要的理论意义，是中国特色的土地制度实践。

理论的构建绝不应仅仅是逻辑推演的结果，更应该是对现实需求的满足。在传统的封闭农村空间中，构建社员权与成员权意义不大。基于熟人社会的差序格局，权利被掩盖在利益、习俗、宗族等形式背后，与利益混同。在城市化进程中，农地资本化、城乡双向流动加速，原有的稳定的社会状态被打破，传统的利益需要法律之力进行保护。所以，在新时代背景下，应构建起集体土地上社员与成员有所区分的土地权利制度，让属于身份的归身份、属于财产的归财产；更好地发挥集体土地的社会保障功能和财产功能双重属性，减少权利之间的冲突；形成体系化的土地权利，为集体土地制度改革提供理论基础，为城市化进程提供土地制度保障。

8.2 社员权与成员权的救济

民事权利是权利中的基础性权利。民事权利的救济是民事权
利实现的制度保障，无救济则无权利。根据民事权利理论，请求
权的基础可以来自多种权利类型。例如，物权可以产生物权请求
权，知识产权可以通过知识产权请求权请求予以保护，人格权请
求权的目的是维护人格尊严和利益，身份权请求权也可以产生救
济性的请求权；而股权、社员权以及一些目前尚未被典型化的权
利也具有救济能力，可以通过复原请求权等，对权利受到侵害或
妨碍的后果予以恢复。此时权利能够派生出相应的请求权进行自
我救济。①

诉讼法学者一般认为，纠纷解决机制包括私力救济和公力救济
两种。②私力救济通常是指纠纷的主体一方通过自身力量与对方达
成妥协，无须第三方介入，也不受特别的规范调整。从个人观点来
看，私力救济的内容还应考虑利用民间力量和非正式约束对受损权
利进行维护。公力救济主要是通过诉讼程序实现对权益的保护，民
事诉讼属于典型的公力救济。③

如前所述，结合权利行使的方式进行分析，基于法律行为设定
的社员权或成员权，其权利的救济手段高度相似，极其依赖公力救
济的介入。这反映出上述两种权利作为偏财产性权利获得了财产法

---

① 杨代雄. 我国民法典中权利复原请求权的立法构想——以民事权利救济制度二元
结构的确立为主旨 [J]. 法学评论，2009（2）：123.
② 徐昕，私力救济的性质 [J]. 河北法学，2007（7）：13.
③ 杨荣新. 民事诉讼法学 [M]. 北京：中国政法大学出版社，1997：4.

的保护。而作为非基于法律行为的权利行使时，存在保护方式、救济路径的明显差别，救济手段以私力救济为主。这也折射出其是偏人身性的权利，具有独特的救济方式。下文的分析将以法律行为和非法律行为为区分标准，结合私力救济和公力救济，论述不同权利的救济方式。

8.2.1　基于民事法律行为的权利救济

（1）社员权

①土地经营权的设定纠纷

土地经营权的设定方式分为承包人自行设定和入股设定。承包人作为权利主体，可以将经营权设定给第三人。该权利在设定过程中，需遵循《民法典》合同编和物权编的相关规定。根据《民法典》物权编①的规定，土地承包经营权人可以自主决定采取出租、入股或者其他方式进行流转。对于流转期限为5年以上的土地经营权，应采取登记对抗主义原则。自流转合同生效时，土地经营权流转设立。当事人未向登记机构申请土地经营权登记的，不得对抗善意第三人。对于此种权利，经登记后，土地承包经营权人可获得物权位阶的保护。当流转期限届满时，土地承包经营权人凭借集体社员身份和土地承包权，有权要求收回土地的经营权。因此，可以认定此种请求权是物权返还请求权的行使。对于流转期限为5年以下的土地经营权，《民法典》物权编并未明确其权利性质，但是承包人可以凭借其与他人签订的流转合同，依合

---

①　《民法典》第三百三十九条规定，土地承包经营权人可以自主决定依法采取出租、入股或者其他方式向他人流转土地经营权。

同约定维护自己的权利。此种请求权则是债权请求权。请求权人可以依照合同约定，请求对方承担合同义务和违约责任。

如前所述，土地承包经营权人的入股（社）行为也会派生出土地经营权。此时，对土地经营权的救济要考虑公司法、农业合作社法等特别法的规制和保护。土地经营权入股（社）后的评估、作价、登记制度符合要求后，非经法定程序不能收回出资、入股财产。公司合并、分立、转让土地经营权时，会涉及对土地经营权的变更。该变更系公司处分独立财产的过程，土地承包权人无权干涉。土地承包权人派生土地经营权的行为，使得其享有未来利益的期待权。土地承包权人可以凭借其身份行使表决权、参与权、分红权和剩余财产分配权等。当上述权利受到侵害时，土地承包权人亦有权凭借出资人身份，提起撤销权诉讼或者股东诉讼等。

②宅基地使用权的内部流转

在集体经济组织内部流转宅基地使用权，并不违反法律、行政法规的强制性规定，也不违反国家关于宅基地使用权的政策性规范。因此，对该权利行使的效力评价以及救济，主要依据《民法典》合同编的相关规定。当事人应具备完全民事行为能力，当事人之间应意思表示真实，并签订书面合同。合同如果出现效力瑕疵，可以要求认定合同无效、可撤销或者效力待定。若一方违反合同约定，应遵从合同约定，承担违约责任。

③居住权和地役权的设定

集体经济组织社员在宅基地上的房屋中，可以设定居住权。居住权的设立以无偿为主，但是也可以约定有偿。居住权的性质为用益物权中的人役权，其与特定受益人密切相关。居住权不可以转让和继承。除当事人另有约定外，设定居住权的住宅不得出租。当居住权人死亡或者约定期限届满后，居住权消灭。该权利设定后，自登记时生效。当事人如果违反合同约定，未进行登记，则应承担违约责任。当事人将居住权登记后，如果不履行约定的支付对价的义务，住宅所有权人有权要求其承担违约责任，但是否能够申请消灭该居住权，目前并无规定。当设定居住权的房屋再行出租后，根据买卖不破租赁的保护原则，承租方能否对抗居住权人，尚存在不确定性。[①]

《民法典》中对地役权的适用明显采取了扩张主义，将地役权的适用客体从土地使用权延伸到了不动产。从集体土地的视角审视，这就意味着土地承包经营权、宅基地使用权、集体经营性建设用地使用权以及宅基地上的房屋都可以设定地役权。我们将来可以看到更多的乡村房屋标语，土地承包经营权上的排水管线铺设、宅基地使用权上的通行便利，这些都可以作为物权性质的地役权而设定。但是，现行《民法典》对地役权的扩张并未顺延到具体制度设计。对于地役权的期限、对抗性和优先性等，仍然聚焦于土地使用权的制度协调上，而在房屋客体上的规定则完全缺失。在宅基地上的房屋设定地役权时，对于期限限制未做规定。尤其是对房屋设定地役权时，地役权与房屋本身设定的居住权并存，发生了权利冲突，应如何平衡权利之间的位阶，《民法典》未做规定。不得不说，这是《民法典》对地役权制度重新界定时的重大疏忽。

（2）成员权

①土地经营权的初始设定

非集体经济组织成员有权通过招标、拍卖、协商等方式获得荒

---

① 参见《民法典》第三百六十六至第三百七十条。

山等的土地承包经营权。权利主体对权利的救济主要依据招投标法、《民法典》合同编等法律规范。对依此种情形获得的承包经营权的生效要件，《民法典》明确规定，需经依法登记并取得权属证书，才可再续流转。①因此，当外来经营者依招标、拍卖、协商等方式缔结土地承包经营合同时，出让方如果违反合同约定，未办理登记，则竞拍方有权要求其承担违约责任。此种请求权是合同之债的债权请求权。与经营权流转不同的是，依前述对我国物权变动原则的论述，此时其不能获得物权保护。

②土地经营权的流转

无论是由土地承包人对外流转、抵押、出租设立的土地经营权，还是承包人在组织内部成员之间流转的土地经营权，以及采取出租、入股、抵押或者其他方式流转的土地经营权，其权利主体再续进行流转时，都系成员权的行使。该权利行使需要考虑《民法典》物权编中关于物权权利变动的构成要件。具体来看，通过公开协商、招标、拍卖等方式承包的农村四荒土地经营权，经确权取得权属证书的，可以依法采取入股、出租、抵押或者其他方式流转土地经营权。与此相对应，土地经营权流转，依照《民法典》的规定，对于流转期限为5年以上的土地经营权，自流转合同生效时设立。此时采取的是意思变动结合登记对抗，不需要持有相关权属证书。相关权利受到侵害时，可以选择适用物权请求权或者债权请求权。

---

① 《民法典》第三百四十二条规定，通过招标、拍卖、公开协商等方式承包农村土地，经依法登记取得权属证书的，可以依法采取出租、入股、抵押或者其他方式流转土地经营权。

8.2.2 基于非民事法律行为的权利救济

（1）社员权

无论是土地承包经营权的家庭承包，还是宅基地使用权的初始取得，都高度依赖集体社员身份。我国土地承包法赋予集体经济组织社员符合限制条件的要求时，有权获得土地承包经营权，并在该权利受到侵害时维护合法权益，获得救济。发包方有干涉承包方依法享有的生产经营自主权等行为的，应当承担返还财产、恢复原状、停止侵害、排除妨碍、消除危险、赔偿损失等民事责任。社员行使重大事项表决权、监督权，是村民自治权利的实现，绝对依赖社员身份的认定。从法律渊源来看，无论是对村民的资格赋予，还是对村民、外嫁女、乡贤的特别对待，均涉及《土地管理法》《村民委员会组织法》和乡规民约的调整。受侵害的村民可以申请人民法院撤销村民委员会或者村民委员会负责人作出的侵害村民合法权益的决定①，责任人依法承担法律责任。该撤销权的行使期限，《民法典》中并未作出规定。考虑到撤销权的性质并参照其他法律规定，可以考虑将其期限与可撤销民事法律行为的撤销期限作出相同规定。该权利自行为发生之日起5年内未行使的，撤销权消灭。

当农村集体经济组织或者村民委员会的相关人员以积极或者消极方式，实施侵害集体经济组织财产的行为，间接损害集体社员利益时，集体经济组织社员可以提起派生诉讼，要求相关人员积极履

---

① 《民法典》第二百六十五条规定，农村集体经济组织、村民委员会或者其负责人作出的决定侵害集体成员合法权益的，受侵害的集体成员可以请求人民法院予以撤销。

行职责，维护集体经济组织的利益。相关诉权行使可依公司法中股东诉讼相关原则展开。如果村民小组的集体权益遭受不法侵害，而作为村民小组的组长怠于行使相关请求权时，村民小组的社员可以个人名义提请村民委员会或者村民小组组长督促召开村民会议，议定追究侵权人的责任承担或者提起代表诉讼。如果村民小组组长在法定期限内不召开村民会议，也不履行提起诉讼的法定责任，或者情况紧急，拖延起诉或者不起诉就会使村民集体遭受更大的损失，村民小组成员可以自己名义向侵害集体权益的行为人提起诉讼。如果实施侵害村民小组集体权益的侵权行为的是村民小组组长自己，村民小组成员可以直接提起诉讼，追究该村民小组组长的侵权责任，维护集体财产权益。在这种情况下提起诉讼的村民小组集体社员个人就是村民小组集体权益受侵害时的诉讼担当人，是适格的诉讼主体。①

对于侵害选举权和被选举权的纠纷，其主要表现形式为不当限制或者恶意剥夺选举权和被选举权，也可以表现为随意撤换村民委员会的成员、干涉村民委员会的自治职权等。对于该种纠纷，可以运用多种方式进行救济。需要明确的是，上述行为并非对民事权益的侵害，不能适用《中华人民共和国侵权责任法》（以下简称《侵权责任法》），而是应当通过向有关部门举报或者提起行政诉讼进行权利救济。

对于承包人的收益继承，应按照《民法典》物权编和继承编的相关规定予以保护。承包人的收益可以继承。该收益不区分来源类

---

① 韩松. 农民集体所有权和集体成员权益的侵权责任法适用 [J]. 国家检察官学院学报，2011（4）：131-132.

型，无论是农地、林地还是其他土地的承包收益，只要属于合法财产，都可以由继承人继承。权利主体的相关权利被侵害的，可依《侵权责任法》《民法典》继承编等相关规定救济自己的权利。对土地承包期的剩余期限，原则上不可由继承人继承。林地承包权人的上述权利被侵害时，可以依《农村土地承包法》《民法典》继承编的相关规定维护自己的权益。宅基地上的房屋作为独立的财产权益，可以继承。无论继承人是本集体经济组织社员还是非社员，继承人只能取得宅基地上房屋的财产权，不能因此取得宅基地使用权。权利人对房屋的继承权受到侵害时，可以依《土地管理法》《侵权责任法》《民法典》物权编等相关规定主张权益。

集体经济组织社员的优先权受到侵害时，可以要求获得救济。该优先权体现在以家庭方式获得的土地承包经营权人对外流转经营权时，其他集体经济组织社员有优先权。以其他方式发包农村土地的，本集体经济组织社员有优先权。上述优先权受到侵害的表现主要为限制和剥夺其优先权。优先权的行使应符合法定构成要件。[①]该优先权受到侵害的，如无法律规定的排除情形，可依《侵权责任法》的规定要求救济。集体收益分配请求权受到侵害时，亦可以依《侵权责任法》的规定请求予以支持。

（2）成员权

基于出资、流转、公司设立等行为，成员享有监督权、特别事项表决参与权、知情权、撤销权、继承权等权利。该权利源于特定

---

① 《最高人民法院关于审理涉及农村土地承包纠纷案件适用法律问题的解释》第11条规定，土地承包经营权流转中，本集体经济组织成员在流转价款、流转期限等主要内容相同的条件下主张优先权的，应予支持。但下列情形除外：（一）在书面公示的合理期限内未提出优先权主张的；（二）未经书面公示，在本集体经济组织以外的人开始使用承包地两个月内未提出优先权主张的。

的成员资格，而非身份。当上述权利受到侵害时，考虑到其并非村民，不能参与乡规民约的制定，但是应赋予其村民委员会范围内重大事项的表决权、监督权、知情权、撤销权等权利。立法上之所以创设瑕疵决议的撤销权，目的就在于避免滥用多数决的公正意思而实现不法目的。对于程序或内容上存在瑕疵的决议，应对其作出否定性的效力评价。①上述权利受到侵害，可以依《侵权责任法》或者《公司法》的规定，请求撤销相关决议，维护合法利益。

对于上述知情权等参与权的救济，可以侵害集体经济组织成员权益纠纷为由请求法院予以救济，也可以参考业主知情权纠纷和股东知情权纠纷案由的做法，专门设置侵害集体经济组织成员权益纠纷案由，以更好地维护成员权益。

总体来看，通过私力救济与公力救济的二元化救济路径分析，两种权利救济方式存在明显不同。社员权救济方式较为复杂，涉及村民自治及乡规民约。社员与集体在一定情况下是不平等的，社员要接受集体的决议拘束，因此，在这个范围内，意思自治原则受到了限制。社员权受到传统习惯的约束，非正式规则发挥着重要作用，习俗、惯例、宗族首领甚至或然性的"赌博"等均可以成为社员权利纠纷的有效解决途径。此外，还可以通过民间协会的方式，协调社员对公共产品的利用。基于主体地位不平等，也会产生不适用民事诉讼方式的情形。而成员与集体在一定程度上是平等的，可以运用《民法典》等法律制度有效地解决救济问题。成员权救济方式成熟，基于财产关系而产生的平等主体纠纷更多地适用民事争议解决方式。

---

① 钱玉林. 论可撤销的股东大会决议 [J]. 法学，2006（11）：35.

8.3 社员权与成员权的限制

8.3.1 财产权的社会义务负担

（1）19世纪所有权的兴起

社会的世俗化进程使得财产成为历史和人性的主题。亚当·斯密提出了经济自由主义主张。其核心观点认为，人性的本质是利己，每个人在实现个人利益的过程中会促进社会整体利益的实现。因此，政府的职责应该是让经济利益在"看不见的手"中实现。对私人经济活动不加干涉的自由放任主义得到了普遍认同，私人所有权的理念也是自由主义的结果。私权神圣、权利平等等原则也成为人类社会的规则。

财产是被法律和正义的法则所保护的，物的关系的稳定状态是正义观念的起源，正义起源于人的自私和有限的慷慨以及自然为满足人类需要所准备的东西之稀缺性。①自私是正义的原始动机。康德则用自由来论证财产权的必要性，他认为只有享有财产才能在不妨碍他人的前提下实现自己的自由。自由人才能作为文明人存在。财产赋予人的安全感可以促进独立思考、独立作为。作为事实状态的经验的占有与作为法律意义的理性的占有，成为财产权抽象并独立的先验条件。权利的意义不仅是在现实中对物的支配，更包括在

---

① 休谟. 人性论（下册）[M]. 关文运，译. 北京：商务印书馆，1996：534-536.

观念上的真实的想象，人的自由意志确立了财产权的可能性和现实性。

在功利主义背景下，哲学家敏锐地看到了平等的不同范畴。每个人都必须拥有财产，这是平等的含义。但是，每个人可以拥有多少财富则不属于平等的范畴，财产的本身就是财产的目的。对于作为伦理实体的家庭，财产也具有实质性的意义，家庭可持续的人格也以财产作为持久稳定的基础。由此，财产不仅是个人人格的实现基础，也是家庭人格的实现基础和国家人格的归属。这样，私的所有理念便在哲学家的思辨中和启蒙思想革命中得到了普遍的确认。在财产思想的共同作用下，各个国家经由民主革命纷纷确立了所有权的神圣地位，权利行使也获得了多种法律的保护。英国《大宪章》、法国《人权宣言》和美国《独立宣言》等都宣示了对私有财产的重视和保护。《法国民法典》（1804年）第五百四十四条规定，所有权是以完全绝对的方式享有与处分物有关的权利，这是人类历史上第一次以制定法的方式阐释了所有权的绝对性，法学家也对此注入了热情。

总体来说，19世纪的标签是所有权。财产与自由、文化、政治、社会之间关系的明晰，使得个体在其中得到了淋漓尽致的表达，培育了个人意识。自由经济时代为财产私有制的兴起提供了时代背景，也为促进财产制度的进步作出了重要贡献。

（2）财产权在20世纪的衰落

在诸多学者对财产权的寻根溯源中，财产是正义的源泉，财产是欲望的满足、幸福的需要。直至19世纪，人们全面构建起自由主义私权神圣的至高无上的地位。但是百年以后，20世纪的社会发展使先人哲理所推崇的所有权绝对原则逐渐衰落。这是近代工业社会快速发展的结果，也是权利碰撞空前的时代。究其根源，是大众社会背景下，人们对公平观念的期盼与对所有权的无限制利用之间的不平衡。现代社会治理要求对少数人垄断的财富进行剥夺，对以财产为基础的权力进行剥夺和限制。古老的公平观念在现代社会已经失去了传统意义，人们不再认为这是个体付出而获得的对价，而是在总量上和观念上要求平等享受物质生活。至此，财产与自由之间的逻辑被打破，财产不再以促进自由为终极目标，其成为实现社会公益的手段，成为平等的牺牲品。

文明的发展水平越高就越是趋于没落，越是享有充分的自由就越是普遍感受到衰落的必然性。西方文明中的个人自由在20世纪达到了巅峰，随之而来的是对绝对自由的反思。尤其是工业革命给西方世界带来的劳动生产率极大提升，造成了贫富差距的拉大和公平正义的缺失。伴随着共产主义和福利国家范式的兴起，自由的绝对性质受到了严重的冲击。在自由的衰落过程中，私有财产的自由也难逃其影响。财产的归属、利用和流转等都受到了限制。私权神圣光环下的所有权绝对化逐渐被所有权社会化所取代。被社会正义所限制的财产的正当性成为社会化概念，自由财产在思想的不断变迁中改变了走向。

向往平等的社会主义正改变着财产观念。追求平等的社会力量在集体主义哲学兴起的历程中，给私有财产带来了严峻的挑战。19世纪以前捍卫私有财产的个人主义逐渐开始接纳"社会化"概念，这成为越来越明显的趋势。所有人享有的不受限制的权利与历史进程中的法律和社会制度存在矛盾。财产是社会的安排，其制度保障是法律，而法律是建立在共同体生活之上的。所有权是历史经验的产物，应该随着社会的变化而变化，应该为日益重要的社会公平和公共利益所限制。在历史法学和法律实证主义的批判下，个人权利的观念已经逐渐失去了至高无上的地位。财产权的不可侵犯会带来邪恶的利己主义。

从权利的本质来看，每一项权利都隐含着义务。义务体现在共同体生活状态下的财产持有者对社会的义务，是公共利益框架下个体利益的服从和让渡。随着自然法思想的隐退，社会思想逐步崛起，财产的价值越来越服从人身的价值。对社会公共利益的调整规则禁止权利滥用原则，终止了财产权的浪费使用，促使人们合理使用财产。自由财产的基本原理被一步步削弱，私的所有权便一步步退缩，逐渐被"社会化"概念所取代。

上述过程是一步步实现的。起初，人们对所有权自由的限制仅仅是针对其无限制的滥用。比如，所有人建造的巨大烟囱令邻人感到不安而被判决拆除，开创了禁止权利滥用的先河。从此，人们认为，只有当与其他人的利益不发生冲突时，个人的所有权才应受到保护。近邻妨害、无过错责任、相邻关系、不可计量物侵害等将公平合理的理念注入法条之中。以诚实信用原则为基础的禁止权利滥用原则广泛适用于不动产和动产，使对个人财产的限制穿上了正当性的外衣。总之，各国对私有财产的限制，有道德理想和物质追求的功利主义考量，也有伦理福祉和公平正义的因素，而对财产权的浪费与不浪费的区分标准很难被客观因素所界定；人们、社会或者政府以及所有权人之间的各种限制都很复杂，福利国家的出现使得具有现代性格的立法重构着所有权"社会化"概念。[1]就这样，沿袭思想、私法、公法、社会法的变迁路径，"个人主义财产"概念

---

① 肖厚国. 所有权的兴起与衰落 [M]. 济南：山东人民出版社，2003：203.

无可挽回地衰落，被社会化方式所解释。

（3）财产权应负有社会义务

作为物权变动效力判断要件的登记制度以及由此形成的对社会财富的保护，都与财产的所有制度安排密切相关。在法律制度的变迁过程中，财产的所有与利用成为被重点关注的概念体系，与财产有关的法律制度安排逐渐成为显性的突出运用。从对人类文明的考查来看，财产权法律制度均与正当性相联系，私人所有制形式在正义和公平的基础上逐渐发展起来。

作为以财产关系为中心的第一个世界性法律，罗马私法在捍卫财产权方面作出了独创性的制度安排。这种安排的制度基础在于城邦和家庭的二元分野。这种分野使得个体在自由地安排私的领域内的生活之外，还需要以让渡财产部分权利的方式接受另一种生活，即政治生活。①进入公共领域，进而能够参与城邦的公共事务，具有至上的重要性和头等的价值，它意味着一种价值完全实现的人的生活。在此过程中，财产是使人们超越日常生活、进入政治领域的必要条件。财产、捐赠与荣誉相结合，不纳税者不能享受荣誉。这种特别区分的制度安排在削弱寡头政治权利所依赖的宗族组织过程中，发挥了稳定的作用。

尽管《民法典》对财产的私有予以了确认和保护，但其实所有权绝对自由的观念在方兴未艾之际，就引发了日益激烈的批评。耶林断言，"不存在什么绝对的所有权，也就是那种不考虑社会利益的所有权，历史已经让这一真理深入人心"。财产权功能的扩张与限制均出于所有权的社会义务。在保护个人追求财富的进取心之

---

① 肖厚国. 所有权的兴起与衰落 [M]. 济南：山东人民出版社，2003：3.

时，维护社会正义和公共福祉也同样重要。

随着工业革命的兴起，席卷西方世界的技术革命冲击了原有的社会秩序。新技术的运用使得财产所有权人相互之间的权利冲突变得经常而尖锐。工业社会的建立使得人与人之间的关联性大大增强。事实上，这一时期处于矛盾之中，也就是沟通的封闭和客观上联系的增强。城市文明为公共福利的提供带来了理念上和制度上的可行性。

从私权神圣到财产权应承担社会义务的观念转变，意味着财产从个体不受干预的任意支配转型到财产权利的行使需遵循一定的社会义务。从社会学视角审视，个人生存的状态随着传统社会向现代社会转型而发生变化。基于私人所有的个人生存开始向基于社会关联性的个人生存转变。在此过程中，个体与社会之间的关系发生了变化，从相对独立到相互影响。在诸多因素中，财产成为连接个人与社会的重要路径。

正如黑塞所言："个人生存保障与生活形成的基础，很大程度上已经不再建立在传统民法意义上的私人财产所有权上了，而是建立在每个人的工作以及参与分享由国家提供的生存保障与社会救济的基础上。"[①]拉伦茨也同样指出："今天，个人在经济上的保障，与其说依靠自己的努力以及由他们自己采取的预防措施，不如说更多靠的是某个集体、国家或社会保险公司所提供的给付。"[②]

---

① 张翔. 财产权的社会义务 [J]. 中国社会科学，2012（9）：108.
② 拉伦茨. 德国民法通论（上册）[M]. 王晓晔，邵建东，程建英，等译. 北京：法律出版社，2013：70.

8.3.2　社员权与成员权限制的框架分析

集体土地制度改革的基本目标是解决不利于发挥集体土地财产价值的阻碍，构建起"三权分置"的中国特色集体土地私法体系。面对集体土地制度改革的历史任务，需要在对传统土地权利限制工具梳理的基础上，完善新常态下集体土地财产权利的限制方式，使集体土地制度的微观改革与宏观调控手段构建相同步，丰富土地管理的理论和手段，进而为集体土地制度改革提供宏观视角。

（1）社员权与成员权限制的应然状态

社员权与成员权限制的出发点，在于保障土地资源的有效利用与经济发展的相互协调、个体利益的维护与公共利益的考量、公平与效率的抉择以及满足提供公共产品的需要。多任务、多目标的叠加是集体土地财产权利构建面临的独特挑战。中央政府与地方政府之间基于权利、权力的不同匹配，在土地权利分配过程中，还面临着来自内部的不同利益的分歧。

所有这些因素都说明，从效率角度出发制定的最优方案在现实中不一定是可行的。任何认为成员权有利于发挥集体土地的财产价值，进而要求确立无限制的成员权的想法都是不现实的。要通过构建合理且受约束的社员权与成员权制度，建立使国家能有效提供公共产品和土地治理的法规和准则，并与中国特色集体土地制度相互契合。一个应然状态下的社员权与成员权的设立目标，应该具备至关重要的几个因素：公平性、目的性和稳定性。

①实现公平性，均衡各种利益

公正是社会制度的首要价值。从伦理道德的角度看，社会基本的权利义务、合理的利益获得以及义务负担的划分，是社会基本结构所要实现的重要功能。正义就是通过对主要的社会制度进行调节，从全社会的角度排除社会历史和自然方面的任意因素对人们造成的起点的不公平。[①] 从权利限制角度看，公平应是首要的出发点。要通过社员权与成员权的权利构建与合理限制，实现保障功能和财产功能的充分发挥，实现权利之间的权能基本均衡，以及权利实现过程中的个体利益和公共利益的均衡。当然，土地的不可移动性极大程度地限制了资源的自由流动，区域性特点也会造成资源利用的不公平。应通过社员权与成员权的类型化，对权利行使予以限制，缓解资源利用上的不平等。

②合理限制权利，保证国家政策目标的实现

无限制的权利会带来负的外部性。考虑到经济和社会力量的变化，权利的理念也在逐渐发生变化。但是，无论如何变化，权利都是对社会生活的保护和体现。对权利进行限制的目的亦是辅助国家政策目标的实现。集体土地制度改革的政策目标就是在坚持集体所有制的前提下，保障集体社员的利益，发挥集体土地的财产功能。任何强调一方而忽视另一方权益的行为，都会影响改革政策目标的实现。权利限制的独特力量在于它的强制性。通过权利限制，在整体目标的制定和权利施行的方向上，提供行为指引，规范公众的行为。通过对集体土地上的权利主体意愿的尊重而使更多人参与到集体土地制度改革进程中来，构建中国特色的集体土地权利制度。

[①] 罗尔斯. 正义论 [M]. 何怀宏，何包刚，廖申白，译. 北京：中国社会科学出版社，1988：7-10.

在对社员权和成员权进行限制的过程中，应考虑多重限制手段。集体土地的特殊性决定了其权利来源比较丰富，既有公法层面的赋权，也有私法层面法益的认可。因此，不可将集体土地财产权利视同一般的民事权利，希冀于在一部法律中实现全部功能，而是应以立体的和体系化的视角，对社员权和成员权予以规范。通过提供良好的权利配置，促进市民、市场和社会之间的融合，丰富公共产品的提供方式，增加土地治理的手段。

③构建稳定的权利体系，保护合理预期

土地的不可移动性和土地价值的攀升，会造成市场法则的失灵和灰色领域的存在。改革推进过程中的制度偏差和土地流转过程中的单次博弈行为，也会降低背信成本，增大道德风险。对社员权和成员权的限制亦应考虑稳定的权利状态的构建，减少土地违法行为，增加违法成本，促使权利激励机制发生变化。成员权具有生成上的第二性，其高度依赖社员已有的土地承包权。社员土地承包权的交回或者收回，将严重影响成员权的实现。成员权的权利实现亦摆脱不了农村集体经济组织的表意行为。因此，构建稳定的权利体系，一方面有利于保护权利主体的合理预期，另一方面有利于实现权利目的。

（2）社员权与成员权限制的框架

①公法限制

政府通过制定相关土地政策，对土地市场进行直接干预，以调整宏观经济，实现经济稳定发展的治理目标。基于土地公有制的基本经济制度与政治制度，以及长期的富有实效的宏观调控经验，我国政府土地治理已经具备了综合运用多种政策工具的经验，具有采取经济手段、行政手段、税收手段相结合的调控能力。

政府土地调控的政策工具箱包含直接行政手段与间接调控手段在内的调控措施。从供地计划、规划到出让方式、土地征收、税收等方面，均体现了政府土地调控的行政手段的丰富性和传统经济手段运用的娴熟性。其中，土地征收与土地税收等手段形成对社员权和成员权的限制。在依法征收过程中，无论是社员权还是成员权，都不具备绝对抗辩的权利，既不能凭借集体经济组织社员身份而对抗法定征收行为，也不能凭借成员权的财产目的而漫天要价。在土地税收制度不断完善的进程中，亦应考虑构建覆盖社员和成员的税收制度。但是，基于其身份的差异性，可以构建区别对待的税收管理体系。

②私法限制

集体土地制度改革的基本出发点是对集体土地所有制的坚持，集体土地所有制不能因为改革而被削弱。集体土地所有权由农村集体经济组织行使所有权人的权利。该所有权人的权利行使叠加村民自治，使得集体土地上的权利呈现复杂状态，受到较多的约束。农村集体经济组织有权对集体土地利用的调整、征收补偿的分配、公共基础设施的利用等作出决议，社员应依自治规则接受上述行为，不能以社员权对抗所有权人。成员则应依财产权利的行使和保护规则，在一定程度上接受农村集体经济组织的自治决议。

他物权同样可能构成对社员权和成员权的限制。除却土地承包经营权和宅基地使用权外，能构成对社员权和成员权限制的他物权类型主要是指地役权和居住权。地役权的从属性和非独立性决定了其可以由社员或者成员在其利用的土地上设定。当设定地役权的集体土地再度流转时，无论是社员内部流转还是社员向成员转让，受让者都需接受土地上的地役权负担，而不能凭借社员权或者成员权身份对抗已设立的地役权。居住权是设立在房屋上的权利。宅基地使用权人流转宅基地上的房屋时，受让人应接受房屋上已经存在的居住权。该居住权既可以对抗宅基地使用权人，也可以对抗宅基地利用权人。

总体来看，土地制度应建立在法律规则的基础之上。公正和可以预测的私法体系提供的权利边界和行为指引在日常经济生活中起着最基本的作用。灵活的规则比僵硬的制度更有效率，但是，最大的挑战就是在公平与特殊性之间求得可行的平衡架构安排。运用客观、稳定的法律手段来彰显权利内容，将灵活性与约束性结合在一起，尝试新的机构安排和激励机制，用约束机制制衡灵活性。运转良好的财产权基础有利于满足权利主体对公共资源的需要，因此，权利体系化并不仅仅是一系列经过周密设计的改革成果。权利的保护与限制不应该是僵化的，而是应该在实践中不断调整并努力在各种法益之间找到适当的平衡。

9

结论与展望

9.1 研究结论

财产权视角下的社员权与成员权二元解构，其实质是身份权与财产权的厘清。从跨部门法的视角审视，身份与财产的融合大多数出现在商事法律关系中。拟制的商事主体以团体（公司）的身份对外彰显主体地位的法律品格，对内则通过表决权等意思自治的参与路径为团体成员提供间接处分财产份额的机制。股东权就是最终承载股东身份和股东财产权利的混合型权利，股东对内享有知情权、监督权、表决权、查询权、利润分配请求权以及股东代表诉讼等诸多身份性权利，对外则以出资份额（股权）作为财产性权利的载体，可以通过股权转让等方式予以处分。因此，可以认为，商事领域的主体财产权利二元解构，已经通过股东权利的分解而完成，权利边界清晰，权利运行顺畅，救济机制健全。

随着农村集体经济组织实体化的进一步推进，合作社等多种经营形式已经十分普遍。集体经济组织社员所享有的权利变得日益复杂，既存在具有保障色彩的基于身份分配的土地权利，也有外来主体基于土地流转等方式形成的新兴权利需求，还有集体经济组织社员基于入股等方式形成的兼有身份性权利和财产性权利的特殊情形。因此，可以认为，集体土地上既有的单一权利类型越来越不能适应改革后的新生利益诉求，权利边界模糊，权利运行冲突不断，运行规则不明确，救济机制不完整。

集体土地上权利冲突的根源在于以现代财产法为核心建立起来的权利结构概念体系套用在了传统的人身关系上。二者之间的社会伦理基础、权利形态和价值导向存在明显区别，导致了集体土地权利身份性和财产性的结构性冲突。集体土地权利的特殊之处就在于它既有人身性又有财产性，是两种权利的融合，还有集体社员和非集体社员的主体资格的区别。权利主体与权利内容排列组合，则会产生复杂的权利观和事实。权利的身份性和财产性融合后，出现了奇特的旨向，即身份性占主导的复合权利和财产性占主导的复合权利。二者在法律功能、结构、目的、旨趣上有着颇多不同，但是，又因为其糅合了两种不同的权利，在表征上呈现混沌状态。集体社员的财产性权利完善与非集体社员的准身份性权利规定缺失是现在集体土地法律制度的症结所在。

解决集体土地身份性权利与财产性权利结构性冲突的路径，在于对财产权利的构成要素进行解构。通过对财产权利的核心要素的抽离，我们发现，财产权中财产性和身份性的利益占比逐渐发生了变化，社会要素的强度也在不断变化。要通过最大公约的基础，综合判断财产权的权利结构，依据不同目的和价值观的财产因素占比，将权利分为强身份型财产权利（即社员权）和弱身份型财产权利（即成员权）。社员权具有强烈的身份色彩，其保障功能决定了在权利设定、行使、流转甚至消灭时，都强烈依附于个体的身份属性。身份属性的确认和维护实质上是对集体土地所有制的坚持和巩固。因此，此种强身份型权利通常在身份确认、流转以及继承等方面存在较多约束，以此来突出对特定身份利益的保护。成员权以发挥物的财产价值为主要目的，其在权利取得、流转、担保和继承等方面的限制较少。但是，在集体土地范围内，其作为团体成员的权利内容存在缺失，与自身利益密切相关的自治类的参与权规定不足，难以完整地保护财产权利。

通过社员权与成员权的区分，可以较好地呼应土地私权主体财产观念的变化，这是二者区分的观念基础。在集体土地功能从保障性向财产性转变的过程中，民事主体对待土地财产的态度逐渐发生了变化，传统的耕者有其田、一户一宅等制度正在被土地融资、土地入股和适度规模经营的家庭农场等需求所挑战，其中折射出的是土地私权主体对土地上的财产权利的日益重视和身份性保障功能的式微。

社员权与成员权的区分不应是纯粹的理论上的分类，而应是能够形成逻辑自洽的完整的法律权利体系。本书围绕权利体系的构成要素，以体系化的视角，对社员权和成员权的权利设定、权利行使、救济方式以及权利限制进行了论述。我们分别以社员权和成员权为维度，讨论了主体资格的认定、权利内容框架、权利行使时的效力规则、权利受到侵害后的救济手段，以及权利所需承担的社会义务等。区分后的社员权和成员权可以较为清晰地适用于不同场景，解决不同主体的权利缺失，明确同一主体可能享有的双重性质权利的行使规则。

9.2　研究展望

可以预见的是，伴随着集体土地功能的转换和改革实践的进一步推进，集体土地上会不断产生新兴的利益表达形式和诉求。民事法律法典化时代的到来，一方面明确了相关民事权利的属性和效力位阶，有利于保护民事主体的合法权益，积极回应了民事主体对财产权利积极追求的进取心；另一方面，法典的稳定性决定了权利更新的频率会较低，如何在保持法典的权威性、稳定性和保护新兴利益之间寻求适合的均衡点，一个开放式的、弹性的解释论框架应运而生。

对社员权与成员权进行区分的目的并不是单独创设一种权利类型，而是在现有的权利体系内，对集体经济组织组成人员的已有权利予以组合、细分，通过不同法律部门之间的理论基础和解释方法的综合运用，对集体土地上可能存在的不同财产权利以全新的视角进行审视，让身份与财产之间形成一个相对清晰的区分标准，厘清权利之间的边界。社员与成员的区分可以较周延地覆盖权利主体分类，明确身份权利与财产权利的客体、内容以及权利行使方式。在集体土地财产权利的实然状态中，寻求权利实现的新路径。丰富成员参与权、界定财产权、认定社员身份以及明确混合型权利的行使规则，可以在民事权利体系框架下，缓和权利主体的身份性和财产性结构性冲突。

集体土地上社员权与成员权的区分不仅仅是集体土地财产权利的创新性理论，更能为集体土地深化改革提供权利理论支撑。土地承包经营权的"三权分置"研究伴随着《民法典》的通过已经告一段落。宅基地使用权的"三权分置"改革正在推行，如何解释资格权和使用权的权利性质、如何实现宅基地使用权与地上房屋财产权的分离、利用，成为目前的研究重点。在不对已有权利体系造成重大的不可逆冲击的前提下，运用社员权与成员权区分的理论，可以为宅基地使用权"三权分置"改革提供理论基础，以此厘清不同权利主体享有的权利内容。集体经营性建设用地入市改革正在快速推进，其自主入市后势必面临权利行使问题。权利主体依法取得集体经营性建设用地后，在对其利用的过程中，必然面临相邻关系的调整、集体公共设施的利用、集体公共事务的参与、集体筹资筹劳事项以及征收补偿表决等情形。如何在保护外来权利主体的合法利益与维护村民自治之间找到平衡点，将成为解决纠纷的重要手段。通过社员权与成员权的区分，明确赋予外来权利主体成员参与权，他们对重要事项享有表决权，对涉及其利益的重要信息具有知情权。这有利于保护各方的合法利益，营造息诉服判的良好社会氛围。

对集体土地财产权利保护的研究离不开时代背景的转换。经济基础的改变、人口的流动、社会保障的全覆盖以及人们观念的改变等，无不暗中改造着人们对土地权利的认识和需求。伴随着经济社会的进一步发展、集体土地制度改革的进一步深化以及法学权利理论研究的深入，本书所构建的解释论框架也可能逐渐暴露出不足。尤其是集体土地权利上的身份性不可能完全被剥离，这将导致各种权利现象错综交叉。土地权利的财产性残缺和身份性权利的不周延之间的冲突、观念问题和现实问题的碰撞等，都决定了对集体土地财产权利的研究不可能一蹴而就。但是，无论未来如何发展，对集体土地财产权利的二元体系化研究是具有积极意义的。通过构建精细化的权利体系和权利边界，可以有效地回应《民法典》中的用益物权体系安排，对集体土地的财产权利给予明确的确认，坚持集体土地制度正确的改革方向。我们希望这一具有中国特色的二元体系权利构造能够为集体土地私权保护奠定扎实的理论基础，也能够为中国民法权利理论的研究提供思路借鉴。

主要参考文献

［1］ 徐忠国，卓跃飞，李冠，等. 论农村集体成员权与土地财产权分离与联系的制度逻辑［J］. 中国土地科学，2024（7）：12-20.

［2］ 孙建伟. 数字财产权对传统财产权理论的重构［J］. 中国法学，2024（5）：123-143.

［3］ 高郦梅. 数据财产权论：法理基础与规则展开［J］. 广西大学学报（哲学社会科学版），2024（5）：148-157.

［4］ 姜海，田双清. 面向中国式现代化的农村土地制度创新与农民农村共同富裕：理论逻辑、实践经验与改革共识［J］. 农业经济问题，2024（8）：42-58.

［5］ 肖盼晴. 日本的农村集体产权制度：困境、改革与成效［J］. 经济社会体制比较，2024（5）：163-171.

［6］ 陈小君. 司法解释规制农地权利的体系证成［J］. 中外法学，

2024（4）：899-918.

[7] 郑雄飞，孔贝贝. 从"名田"到"庄园"：民生视角下汉朝土地制度变迁研究［J］. 江淮论坛，2023（5）：142-149.

[8] 陈胜祥，冷超，邹勇文，等. 百年互动与制度变迁——中国百年农村土地制度变革逻辑新解［J］. 江西师范大学学报（哲学社会科学版），2023（1）：126-136.

[9] 周麟，沈体雁. 工业化进程中的土地制度变迁：历史沿革、根本遵循与未来展望［J］. 中共中央党校（国家行政学院）学报，2023（6）：101-110.

[10] 张秀智，高赫，吴铮子. 基于多源流理论的春秋战国时期土地制度改革逻辑［J］. 中国土地科学，2023（4）：32-42.

[11] 吴昭军. 论农村集体经济组织的经营管理权——基于信托理论的阐释［J］. 当代法学，2023（1）：95-107.

[12] 王永香，刘洋，李伟. 中国农村土地征收制度变迁的轨迹、逻辑与动力机制——基于历史制度主义视角［J］. 西北农林科技大学学报（社会科学版），2023（1）：67-76.

[13] 黄雪飞，吴次芳，廖蓉. 中国土地整治政策演进的制度逻辑——分析框架与历史观察［J］. 经济社会体制比较，2023（3）：142-152.

[14] 张新宝. 论作为新型财产权的数据财产权［J］. 中国社会科学，2023（4）：144-163.

[15] 郑雄飞，高依萌. 从"圈地"到"丈放"：民生视角下清朝土地制度变迁研究［J］. 学术研究，2022（4）：41-48.

[16] 高飞.《民法典》集体所有权立法的成功与不足［J］. 河北法学，2021（4）：3-12.

［17］ 朱明哲．法典化模式选择的法理辨析［J］．法治与社会发展，2021（1）：89-112.

［18］ 谢鸿飞.《民法典》中土地经营权的赋权逻辑与法律性质［J］．广东社会科学，2021（1）：226-237.

［19］ 王利明．人格尊严：民法典人格权编的首要价值［J］．当代法学，2021（1）：3-14.

［20］ 朱道林，甘藏春，程建．论土地制度的公私矛盾［J］．中国土地科学，2020（10）：1-6.

［21］ 王轶．民法典的中国特色、实践特色、时代特色［J］．前线，2020（10）：50-53.

［22］ 孙宪忠．中国民法典国家治理职能之思考［J］．中国法律评论，2020（6）：45-66.

［23］ 高圣平，范佳慧．不动产上抵押权与利用权的冲突与协调［J］．山东大学学报（哲学社会科学版），2020（6）：57-70.

［24］ 郭志京．民法典视野下土地经营权的形成机制与体系结构［J］．法学家，2020（6）：26-39.

［25］ 杨遂全．论宅基地资格权确权及其法理依据——以财产属性为视角［J］．中国土地科学，2020（6）：35-40.

［26］ 刘高勇，高圣平．论基于司法途径的农村集体经济组织成员资格认定［J］．南京社会科学，2020（6）：86-91.

［27］ 高海．宅基地"三权分置"的法律表达［J］．现代法学，2020（5）：112-125.

［28］ 汪洋．地下空间物权类型的再体系化——"卡—梅框架"视野下的建设用地使用权、地役权与相邻关系［J］．中外法学，2020（5）：1377-1399.

[29] 陈华彬. 论我国民法典的创新与时代特征 [J]. 法治研究，2020（5）：99-112.

[30] 高海. 论农民进城落户后集体土地"三权"退出 [J]. 中国法学，2020（2）：30-47.

[31] 甘藏春，朱道林. 论土地善治 [J]. 中国土地科学，2020（1）：1-7.

[32] 宋志红. 宅基地资格权：内涵、实践探索与制度构建 [J]. 法学评论，2020（1）：78-93.

[33] 张雨榴，杨雨濛，严金明. 福利多元主义视角下宅基地资格权的性质与实现路径——以北京市魏善庄镇试点为例 [J]. 中国土地科学，2020（1）：17-24.

[34] 臧知非，周国林，耿元骊，等. 唯物史观视阈下的中国古代土地制度变迁 [J]. 中国社会科学，2020（1）：154-203.

[35] 孙宪忠，朱广新. 民法典评注·物权编 [M]. 北京：中国法治出版社，2020.

[36] 操小娟，徐妹，杜丹宁. 乡村振兴战略下农村宅基地"三权分置"的法律制度构建 [J]. 浙江大学学报（人文社会科学版），2019（11）：167-181.

[37] 顾岳汶，吕萍. 农村土地制度改革及乡村振兴发展研究——基于产权经济学的一个分析框架 [J]. 经济问题探索，2019（9）：172-179.

[38] 李曙光. 农村土地两个三权分置的法律意义 [J]. 中国法律评论，2019（5）：46-54.

[39] 郭少飞. 新型人格财产权确立及制度构造 [J]. 暨南学报（哲学社会科学版），2019（5）：39-53.

［40］ 高海. 宅基地"三权分置"的法实现［J］. 法学家，2019（4）：132-144.

［41］ 陈小君. 宅基地使用权的制度困局与破解之维［J］. 法学研究，2019（3）：48-72.

［42］ 任中秀. 成员权基本理论问题辨析［J］. 社会科学家，2019（2）：129-134.

［43］ 高圣平. 宅基地制度改革政策的演进与走向［J］. 中国人民大学学报，2019（1）：23-33.

［44］ 甘藏春，等. 当代中国土地法若干重大问题研究［M］. 北京：中国法治出版社，2019.

［45］ 刘振伟. 乡村振兴中的农村土地制度改革［J］. 农业经济问题，2018（9）：4-9.

［46］ 李戈. "三权分置"下集体土地所有权的运行困境与完善［J］. 经济问题，2018（8）：104-409.

［47］ 马惊鸿. 集体土地权利保护研究——基于权利属性与内部产权关系变革的视角［J］. 财经问题研究，2018（6）：20-26.

［48］ 肖顺武. 从管制到规制：集体经营性建设用地入市的理念转变与制度构造［J］. 现代法学，2018（5）：94-108.

［49］ 高圣平. 承包地三权分置的法律表达［J］. 中国法学，2018（4）：261-281.

［50］ 刘小平. 土地财产权的二维构造——一种从现实出发的理论解释方案［J］. 法治与社会发展，2017（6）：122-129.

［51］ 陈小君. 我国农民集体成员权的立法抉择［J］. 清华法学，2017（2）：46-55.

［52］ 中共中央文献研究室. 习近平关于社会主义经济建设论述摘编

［M］. 北京：中央文献出版社，2017.

［53］ 高飞. 集体土地所有权主体制度研究［M］. 北京：中国政法
　　　大学出版社，2017.

［54］ 陈甦. 民法总则评注［M］. 北京：法律出版社，2017.

［55］ 《民法总则立法背景与观点全集》编写组. 民法总则立法背景
　　　与观点全集［M］. 北京：法律出版社，2017.

［56］ 刘英博. 当代中国农民土地权利的实现机制研究［M］. 北京：
　　　人民出版社，2017.

［57］ 陈华彬. 论民事权利的内容与行使的限制——兼议我国《民法
　　　总则（草案）》相关规定的完善［J］. 法学杂志，2016（11）：
　　　35-44.

［58］ 戴威. 农村集体经济组织成员权制度研究［M］. 北京：法律
　　　出版社，2016.

［59］ 王敬尧，魏来. 当代中国农地制度的存续与变迁［J］. 中国社
　　　会科学，2016（2）：73-92.

［60］ 拉伦茨. 德国民法通论：上册［M］. 王晓晔，邵建东，程建
　　　英，等译. 北京：法律出版社，2013.

［61］ 张翔. 财产权的社会义务［J］. 中国社会科学，2012（9）：
　　　100-119.

［62］ 王利明，周友军. 论我国农村土地权利制度的完善［J］. 中国
　　　法学，2012（1）：45-54.

［63］ 陈小君. 田野、实证与法理——中国农村土地制度体系［M］.
　　　北京：北京大学出版社，2012.

［64］ 马克思，恩格斯. 马克思恩格斯选集：第2卷［M］. 中共中央
　　　马克思恩格斯列宁斯大林著作编译局，译. 北京：人民出版

社，2012.

［65］ 费孝通. 江村经济［M］. 北京：商务印书馆，2012.

［66］ 汪洋. 罗马法上的土地制度［M］. 北京：中国法治出版社，
2012.

［67］ 孟德斯鸠. 论法的精神［M］. 许明龙，译. 北京：商务印书
馆，2012.

［68］ 费孝通. 乡土中国 生育制度 乡土重建［M］. 北京：商务印
书馆，2011.

［69］ 费安玲. 从罗马法走来［M］. 北京：中国政法大学出版社，
2010.

［70］ 叶林. 商行为的性质［J］. 清华法学，2008（4）：40-54.

［71］ 高富平，吴一鸣. 英美不动产法：兼与大陆法比较［M］. 北
京：清华大学出版社，2007.

［72］ 斯塔夫里阿诺斯. 全球通史：从史前史到21世纪［M］. 吴象
婴，梁赤民，董书慧，译. 北京：北京大学出版社，2006.

［73］ 姚建宗. 法理学：一般法律科学［M］. 北京：中国政法大学
出版社，2006.

［74］ 施瓦布. 民法导论［M］. 郑冲，译. 北京：法律出版社，
2006.

［75］ 芒泽. 财产理论［M］. 彭诚信，译. 北京：北京大学出版社，
2006.

［76］ 吴汉东. 论财产权利体系——兼论民法典中的"财产权总则"
［J］. 中国法学，2005（2）：73-83.

［77］ 金可可. 债权物权区分说的构成要素［J］. 法学研究，2005
（1）：20-31.

[78] 拉伦茨. 法学方法论 [M]. 陈爱娥, 译. 北京: 商务印书馆, 2005.

[79] 马俊驹, 梅夏英. 我国未来民法典中设置财产总则编的理由和基本构想 [J]. 中国法学, 2004 (4): 25-36.

[80] 鲍尔, 施蒂尔纳. 德国物权法 [M]. 张双根, 译. 北京: 法律出版社, 2004.

[81] 肖厚国. 所有权的兴起与衰落 [M]. 济南: 山东人民出版社, 2003.

[82] 王卫国. 中国土地权利研究 [M]. 北京: 中国政法大学出版社, 2003.

[83] 刘翠霄. 中国农民的社会保障问题 [J]. 法学研究, 2001 (6): 67-83.

[84] 姚洋. 中国农地制度: 一个分析框架 [J]. 中国社会科学, 2000 (2): 54-64.

[85] 马俊驹, 梅夏英. 财产权制度的历史评析和现实思考 [J]. 中国社会科学, 1999 (1): 90-105.

[86] 谢怀栻. 论民事权利体系 [J]. 法学研究, 1996 (2): 67-76.

[87] 周枏. 罗马法原论 [M]. 北京: 商务印书馆, 1994.

[88] 罗尔斯. 正义论 [M]. 何怀宏, 何包刚, 廖申白, 译. 北京: 中国社会科学出版社, 1988.

[89] 洛克. 政府论 [M]. 瞿菊农, 叶启芳, 译. 北京: 商务印书馆, 1982.

[90] 袁愈荌. 诗经全译 [M]. 贵阳: 贵州人民出版社, 1981.

[91] 梅因. 古代法 [M]. 沈景一, 译. 北京: 商务印书馆, 1959.

索引

集体土地民事权利—9，11-14，21，40，112，122

土地功能的变迁—44

社员权—6，7，12，13，56，76，103-112，114，115，122，132-
　　135，137，140，141，145-150，152，154-160，164，167，
　　168，174-177，180-184

成员权—6，7，12，13，36，70，76，77，82，97，103-106，
　　109-111，113-115，122，132-135，137，139-141，144-149，
　　155-159，162，163，165-168，174-177，180-184

权利的行使—20，71，101，114，140，142，145，148，149，173，
　　177，182，183

权利的救济—18，159，160，163

权利的限制—34，174

后记

　　本书是我的博士论文的修订版，在修订过程中，内心五味杂陈，并没有想象中的如释重负，反而激起了更多的思绪。回想起初考入中国人民大学的欣喜，重返校园生活的深厚同学情谊，以及先修课、必修课上感受到的跨学科的学习压力，直至博士毕业论文的最后敲定，这是一次不同寻常的艰辛旅程。对成年人的人生而言，缺少激励回报的付出意味着错误。值得庆幸的是，自己选择了坚持。我坚持用8年的时间考上了中国人民大学，坚持8年完成了博士期间的学习任务。本书并不是完美的，行文中的一些观点论述得不够透彻，一些个人观点也未能论述周延，法学学科背景造就的固有思维方式也需要不断克服，但它值得我为其竭尽全力。在对集体土地财产权利研究的过程中，我常常被不同的逻辑主线所困扰，被更深层次的复杂机制所困惑，被实践中不断发生的创新举措所吸引。而每一次自我否定的背后，都是知识层面的理论跃升，都是视野的开拓和提升。

衷心感谢我的导师甘藏春老师。甘老师有着丰富的土地管理实践经验和扎实的土地法律理论基础，对集体土地制度改革有着顶层设计的思想高度。甘老师不嫌学生愚钝，收于门下，实实在在是我的幸运。博士论文从选题到定稿，可以说都是在甘老师精心点拨、悉心指导下完成的。每一次预答辩情况汇报后，甘老师都会打电话来，与我探讨答辩老师们提出的问题，探索论文修改的方向。若非如此，恐怕我的博士论文难以顺利完成。

真挚感谢吕萍教授。吕萍老师是我作为教育部青年骨干教师国内访学时的访学教授。可以说，没有当时的访学经历，我也很难下定决心报考中国人民大学。至今我仍记得当年在吕老师的课堂上，和同学们一起热烈地探讨北京市限价房政策，平等、开放、求真的学术氛围引人入胜。在博士阶段的学习和生活中，我也得到了吕老师诸多帮助和关心。

真诚感谢张占录教授、林勇老师、许锡艳老师等中国人民大学公共管理学院的老师们。你们发自真心地为学生着想，抓住一切可能为学生争取机会，热心主动地指导学生。是你们让我感受到中国人民大学公共管理学院的精神底蕴和力量！

在博士论文写作过程中，始终有一种看不见的压力围绕着我。这种压力无法言喻，无法消除，甚至曾经一度让我失去了信心。感谢我的父母、爱人和家人，闲暇时的聊天、遇到挫折时的开解、家庭聚会的轻松环境，都不断给我注入新的力量。他们默默照顾好自己，照顾好家庭，从来不让我因家庭琐事而分神。感谢你们！我的女儿也聪明自律，学习主动性强，减少了很多我对她学业上的顾虑。希望她能一直健康快乐地成长，也希望我攻读博士的过程能给她带来一点点成长的借鉴。

本书的完成意味着一个阶段性的结束，也是新篇章的开始！祝所有的朋友们一切顺利！

刘佳星

2025 年 2 月